DE L'OPPOSITION

EN 1831.

DE
L'OPPOSITION
EN 1831.

PAR ALPHONSE PEPIN,
AVOCAT

Nec beneficio nec injuriâ cognit.
(TACITE, hist. lib. I, chap. I.)

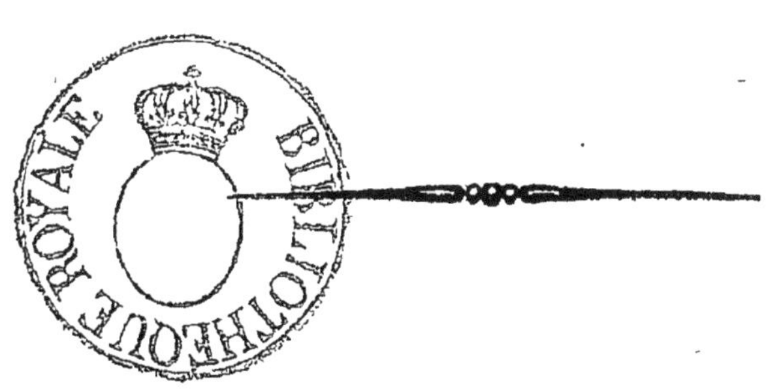

PARIS.
IMPRIMERIE DE A. BARBIER,
RUE DES MARAIS S.-G., N. 17.

1832.

DE L'OPPOSITION EN 1831.

Il y a des esprits faits de telle manière que rien au monde ne peut mériter leur approbation, des esprits tellement tourmentés du besoin de contredire que toute chose est blâmée par eux quoiqu'on dise et quoi qu'on fasse.

Pour la plupart c'est une affaire d'amour-propre : ils se croient obligés de s'opposer, et ils s'opposent, comme ce juré qui votait sur chaque question dans un sens contraire au préopinant son voisin, uniquement pour paraître avoir une opinion à lui.

On fait aujourd'hui de l'opposition à tout propos, et toujours, et quand même; bientôt il ne sera pas jusqu'aux enfans et aux femmes qui ne fassent de l'opposition. Et cette fureur d'opposition * ne s'arrête pas devant ce qui est honorable et digne de respect, mais rien n'est sacré pour elle; réputations, talens, souvenirs patriotiques, tout est immolé aujourd'hui à l'opposition.

* Aujourd'hui on se fait opposant, comme à d'autres époques on se faisait dévot ou athée.

De sorte que, de l'aveu même de l'opposition *, il y a courage et dévouement à se charger aujourd'hui du fardeau de la responsabilité des affaires, tant on voit de gens occupés sans cesse à flétrir les plus belles vies, à démonétiser les plus nobles caractères.

Et ce ne serait rien encore, si derrière tout cela on apercevait une tendance vers un but quelconque, une foi à quelque chose **; car l'humanité ne va pas sans croyances, et les croyances sont la vie des peuples.

Mais le malheur est qu'aujourd'hui la plus grande partie de ceux qui font de l'opposition ne sait au fond ce qu'elle veut, égarée qu'elle est par quelques-uns qui savent bien, eux, ce qu'ils veulent, et dont le talent est d'exploiter à leur profit ce malaise d'une société blasée, cette impatience de vivre qui fait que, les yeux toujours tournés vers un avenir inconnu et sans bornes, nous ne voyons le bien possible que là où nous ne sommes pas.

Si on demande à ceux qui font aujourd'hui de l'opposition sans intérêt direct et en amateurs

* « Au milieu des circonstances graves dans lesquelles nous sommes placés, il y a du patriotisme à se charger du fardeau de la responsabilité des affaires, il y a même du patriotisme à le conserver. » (Discours de M. Odilon-Barrot à la Chambre, 7 octobre 1831.)

** «C'est l'incertitude, la confusion, l'anarchie qui règnent dans nos convictions politiques. Je le dis avec douleur, nous n'avons plus de croyance en rien.» (Discours de M. Odilon-Barrot à la Chambre, 6 février 1832.)

le motif de tant de courroux contre tout ce qui se fait, ce qu'ils veulent au bout du compte, et ce qu'ils prétendent mettre à la place de ce qui est, beaucoup sont fort embarrassés de répondre; il y a bien de l'obscur dans leurs paroles comme dans leurs idées.

D'abord, ils parlent de l'état actuel comme d'un état intolérable et dont chacun doit souhaiter la fin ; puis, vaguement, ils vous font entrevoir un autre ordre de choses dans l'avenir, devant se réaliser nécessairement, que chacun prévoit fort bien selon eux, mais sans jamais préciser ce que sera cet autre ordre de choses, cette terre promise. Le fait est qu'ils n'ont là-dessus rien d'arrêté : en attendant, ils s'opposent. Ce n'est pas qu'au fond ils soient mus par un grand patriotisme, ce n'est pas qu'ils se sentent dans l'âme un vif amour du bien public, chez eux c'est un parti pris, c'est un rôle qu'ils se donnent; ils blâment ce qui est, disons le mot, uniquement parce que cela est.

Que si au contraire on voulait pénétrer les raisons de certains autres qui se font les ennemis * si acharnés de l'actuel, si on prenait leurs consciences

* « S'il est quelques hommes en France qui ne soient pas franchement attachés à nos institutions, qui s'agitent à la surface, j'ai la conviction qu'ils n'ont pas bravé les échafauds contre la tyrannie qui existait ou qu'on pouvait prévoir, et qu'ils n'ont pas construit des barricades. » (M. Barthe, 28 janvier 1831, Chambre des Députés.)

sur le fait, on les trouverait assez peu désintéressées, on verrait bien des petitesses honteuses à faire pitié, bien des amours-propres blessés, bien des ambitions désappointées, et d'autres choses plus viles encore.

Et s'il se rencontre quelque esprit sage et voulant le bien, consciencieux et cherchant la vérité, las de vivre au jour le jour, détestant les brouillons et les anarchistes quelles que soient leurs bannières, effrayé de marcher au milieu des décombres et appelant de tous ses vœux les architectes pour reconstruire; ayant foi au progrès, mais par degrés, successivement, et non par des secousses et des bouleversemens qui ne font que remettre tout en question sans jamais faire avancer la société d'un pas, ne croyant pas en aveugle tous les contes fabriqués chaque matin, n'écoutant qu'avec réserve, et non sans méfiance, certaines phrases ressassées dans certaines feuilles; on plaisante cet homme assez bon pour vouloir avant tout le bien de son pays, on croit lui donner une qualification bien injurieuse en l'appelant homme du *juste-milieu*, mot heureusement trouvé pour amuser un peuple railleur. Lequel sera donc le plus fou de celui qui croit injurier un autre en l'appelant de ce nom ou de celui qui pourrait s'en fâcher *?

* S'il y a des gens assez simples pour se sentir piqués d'une telle qualification, je les comparerais à ces jeunes gens qui sont raillés par leurs camarades à cause de leurs bonnes

Mais que signifie donc ce mot?

Un homme du *juste-milieu*, est-ce un homme ami de l'ordre, tenant à quelque chose en ce monde, et voulant d'abord ce qui est aujourd'hui, plein de confiance dans l'avenir?

Voulant d'abord ce qui est : et, en vérité, à qu'elle époque fut-on jamais plus libre? à quelle époque, je ne dis pas en France, mais dans le monde entier, le règne de la loi eût-il jamais une base plus large? et pour vouloir tout cela, est-on bien coupable? comment faire un crime à quelqu'un de ce qu'il est raisonnable, modéré enfin? est-ce donc un grand mal que la modération en politique? Ah! la modération a-t-elle jamais été le défaut des révolutions? Mais, à entendre les doléances quotidiennes de l'opposition, la modération n'est pas le défaut des hommes aujourd'hui au pouvoir, et ne voyez-vous pas tout le bruit qu'on fait si tôt que le ministère déploie de la fermeté? Si tôt qu'il parle de faire respecter les lois, l'opposition est là qui crie à l'arbitraire, appelant à la révolte au nom de la liberté.

Ce système, si toutefois c'en est un, qui a la prétention d'éviter les excès du pouvoir populaire aussi bien que les abus du pouvoir royal *, est-il

mœurs. Malheur à ceux que la moquerie détourne de leur chemin!

* « Nous chercherons à nous tenir dans un juste milieu en-

si condamnable parce qu'il veut préserver le vaisseau de l'État des écueils sans nombre entre lesquels il marche à toute heure, quels que soient d'ailleurs ces écueils et de quelque nature qu'ils soient?

Est-il juste de dire qu'un tel système ait au contraire l'absurde prétention de flotter, comme on le dit, entre la révolution et ses ennemis?

Si on entend par la révolution cette minorité toujours inquiète, toujours impatiente, qui veut tout, à la fois et en un jour, qui s'agite dans la paix, qui ne rêve que désordre et que bouleversemens, qui demande la guerre parce qu'elle serait un aliment à son activité dévorante, à qui enfin il faudrait tous les jours des trônes à renverser, des États à insurger, sans doute la monarchie de 1830 est ennemie de tout cela.

Mais telle n'est pas la révolution de juillet : elle a voulu la liberté, mais avec le maintien de l'ordre; car la liberté ne peut exister qu'avec l'ordre.

Et dès-lors s'est montrée la mauvaise foi de l'opposition, interprétant des paroles qu'elle altère en n'en citant qu'une partie.

L'opposition n'a vu dans un discours plein de franchise et de libéralisme, s'il en fût jamais, qu'une atteinte portée au pouvoir populaire, et c'est là le grief qu'elle relève avec tant d'aigreur. Or, ce

tre les excès du pouvoir populaire et les abus du pouvoir royal » (Paroles du roi, en réponse à la députation de Gaillac, 31 janvier 1831.)

pouvoir populaire, dont on fait un crime de craindre les excès, a-t-il donc toujours été si pur ? n'a-t-on jamais eu à reprocher au peuple et ses caprices et ses tyrannies, et ses vengeances et ses atrocités? et lorsque ce discours incriminé par l'opposition parle également d'abus du pouvoir royal non moins dangereux que les excès populaires, est-il généreux et loyal de dénaturer les plus belles paroles et les meilleures intentions au profit d'un système qui ne veut que jeter le désordre et le trouble dans la société ?

Il y a des gens qui croient trouver dans ce mot de *juste-millieu* un rapport avec ceux de ministériels, hommes du centre.

Ministériels! qu'est-ce à dire? Sommes-nous donc au temps des sinécures et des cumuls ? Le champ est-il bien vaste pour les coureurs d'emplois, et la *curée* est-elle aujourd'hui si grasse ? Est-on ministériel comme en 1825, par exemple? et parce qu'on a rencontré un ministère qui satisfait un opinion digne d'estime, doit-on être comparé aux ministériels de la restauration, aux *déplorables* de M. de Villèle, aux trois cents qui ne demandaient qu'à voter sans écouter et sans comprendre? Si on croit qu'il ne soit pas possible de s'avouer partisan d'un système dont on partage les opinions, sans être pour cela honni et montré au doigt, c'en est fait du pouvoir et de tout pouvoir, car quel gouvernement trouvera des amis, s'il n'y a plus que mépris et déshonneur pour ceux qui lui seraient attachés?

N'est-il pas curieux de voir l'opposition jeter les hauts-cris, et se désoler de ce que le pouvoir d'aujourd'hui, malgré tous les coups qu'elle lui porte, n'est pas tellement abandonné de Dieu et des hommes qu'il ne trouve encore des partisans dans la Chambre des députés?

L'opposition reprochait dernièrement à un membre du pouvoir * son influence sur la majorité de la Chambre. Voici du moins un reproche qui a de la naïveté, mais peut-on dire qu'il soit juste?

Si cet homme a quelque autorité dans la Chambre des députés de la France, dans une Chambre nommée par la France libre, dans une Chambre qui, au dire de l'opposition ** même, représente cette fois la France, s'il a fait ses amis des députés, quel est son crime? Si la majorité s'est donnée à lui, de quoi l'accuse-t-on? Quels moyens avait-il en sa main? quelle puissance? une grande, il est vrai; mais elle est toute honorable, car elle s'appuie sur a raison, le talent, l'intégrité. S'il a conquis la majorité, c'est pour lui une belle victoire, et il n'y a que l'envie qui puisse lui reprocher sa conquête.

Mais, au bout du compte, les hommes si déchaî-

* « Un ministre en présence d'une majorité avec laquelle il peut avoir telle ou telle relation, tel ou tel lien politique. » (Chambre des députés, 21 décembre 1831, M. Odilon-Barrot.)

** « Vous êtes dans une Chambre légalement constituée, vous êtes la représentation propre de la révolution de juillet, vous pouvez compter sur la confiance du pays. » (Chambre des députés, 11 août 1831, M. Odilon-Barrot.)

nés chaque jour contre un ministère qui s'est formé du sein même de l'opposition * seraient encore bien embarrassés s'il fallait le remplacer; car ne l'avons-nous pas déja vu une fois? lorsqu'il manifestait le vœu de se retirer des affaires, l'opposition était pâle sur son banc, tremblant déjà d'être forcée peut-être d'accepter le pouvoir, voulant et ne voulant pas, tant la tâche était grande et difficile!

Et, comme elle sentait son incapacité, elle s'est réservé la popularité de l'attaque, laissant au pouvoir la responsabilité de la défense.

Mais il n'est rien de plus misérable que ce rôle que s'est donné l'opposition depuis 1830; c'est pitié de la voir s'évertuer en cherchant le mal partout, c'est pitié de la voir geindre et se lamenter quand on l'a heurtée par hasard, et puis, si elle a vu quelque chose dans l'ombre, se débattre et se démener, frappant à tort et à travers, comme faisait don Quichotte contre les moulins à vents.

A vrai dire, l'opposition, telle qu'on l'a faite depuis la révolution de juillet, n'a pas la moindre ressemblance avec l'opposition souvent moqueuse,

* C'est dans les rangs de l'ancienne gauche que le ministère a été choisi, dans les bureaux des journaux constitutionnels que se sont renouvelés l'administration et le parquet, à la tribune de la société *Aide-toi le ciel t'aidera* que se sont recrutés les conseils du prince, dans la demi-solde qu'ont été pris les chefs de la nouvelle armée.

mais toujours vraie, telle que la voulait Courrier; l'opposition ment aujourd'hui à tout propos, et elle est sans talens comme sans esprit.

L'opposition autrefois était de bonne compagnie : elle hante aujourd'hui les estaminets, court les rues, et se traîne dans les ruisseaux, et sa plume est trempée dans une encre pleine de boue.

Un jour, c'était après la grande semaine, l'opposition dit au pouvoir : Qu'est-ce que vous soutenez? je soutiens le contraire; vous dites blanc, je dirai noir; vous allez à gauche, je vais aller à droite; vous marchez, je veux courir; vous marchez sur les pieds, je marcherai sur la tête; et elle a fait tout cela.

Sil fallait l'écouter, autant vaudrait rester les bras croisés, sans avancer ni reculer d'un pas; car, quel parti prendre? que vous fassiez, vous êtes censuré; que vous ne fassiez pas, vous êtes encore ceusuré.

Si le roi donne un bal, s'il y a foule aux Tuileries : « Dépenses inutiles, luxe déplorable! s'écrie-t-on; mais c'est encore une cour, et la même cour que jadis, et Louis-Philippe suit tous les erremens de la restauration. »

Si le roi ne reçoit pas : « Mais que fait donc ce roi? disent encore les censeurs; à quoi donc dépense-t-il les millions de la France? s'il ne ne fait pas de dépenses, où s'en ira le commerce? etc. »

Voilà pour les plus modérés. D'autres, dans

leurs attaques, s'en prennent à l'essence même de la nouvelle monarchie.

« Ce que nous avons aujourd'hui est loin de satisfaire nos vœux, disent ils ; ce n'est pas là ce que nous attendions de la grande révolution de juillet ; le gouvernement des barricades se renie chaque jour en voulant conserver quelque chose de ce qui était avant 1830, et pour n'avoir pas rompu d'un seul coup avec le passé. »

Ceux qui pensent qu'en 1830 il fallait trancher dans le vif d'un seul coup, ceux qui croient possible de passer subitement d'un état de choses qui a duré assez long-temps à un état opposé, sans précaution et sans ménagement, ceux-là ont peu d'observation, ceux-là ont mal compris la nature et la destinée de la révolution de 1830.

D'abord c'est une vérité incontestable qu'en fait de gouvernement il y a peu de généralités, rien ne se pose d'une manière absolue, et les théories tombent toutes devant l'application, car ce qui est bon pour un peuple peut être fort mauvais pour un autre. Donc il est absurde de vouloir imposer telle ou telle forme à un pays, quelle que belle, quelle qu'ingénieuse que soit cette forme.

Au contraire, la condition d'existence de tout gouvernement est d'être en rapport avec les choses et les circonstances dont il est le résultat nécessaire, et c'est pour avoir méconnu ce principe qu'il y a tant de rêveurs aujourd'hui.

Dans quelles circonstances se trouvait donc la révolution de 1830?

Le dix-neuvième siècle, en général, et principalement l'époque de 1830, portent l'empreinte d'un caractère * qui distingue cette époque de toutes celles qui l'ont précédée; c'est-à-dire qu'après tant d'expériences et de tâtonnemens, l'humanité, au dix-neuvième siècle, a senti le besoin de choisir enfin dans cet amas de choses si bonnes et si mauvaises, si vraies et si fausses, parmi tous ces systèmes si variés et si contraires que les siècles précédens avaient entassés à tant de frais. Rejeter le mal toujours, prendre le bien de quelque côté qu'il vienne, admettre toute chose à la condition d'être vraie, telle est la marche que suit l'esprit humain au dix-neuvième siècle.

Or, le gouvernement qui date de 1830 a parfaitement marché avec le dix-neuvième siècle, et, de plus, il a marché parallèlement avec lui.

Le dix-neuvième siècle n'avait pas été exclusif; il n'avait répudié rien de ce qui s'est trouvé de bon dans le riche héritage qu'il avait recueilli des siècles précédens.

*Ce caractère distinctif de la société actuelle se retrouve dans les arts, en philosophie et même en religion. Lorsque M. de La Mennais rassemble les débris des croyances catholiques, pour en faire une religion nouvelle, adaptée aux exigences de l'époque, lorsqu'il s'efforce d'unir l'élément philosophique à l'élément théocratique, il fait un acte de pur *éclectisme* en religion, c'est-à-dire dans ce qu'il y a de plus absolu et de moins complexe.

De même, le gouvernement de 1830 qui participait également de la nature de chacun des gouvernemens auxquels il succédait, qui tenait à la fois, et de 91, et de 1803, et de la restauration *; ne pouvait rejeter complètement, ni admettre complètement les divers principes dont il était créé; il n'était pas le reflet d'une forme plus que d'une autre; il n'était ni la république, ni l'empire, ni la restauration, car il fallait qu'il fût lui; mais il ne pouvait être exclusif, car il tenait de tous les autres régimes. Et sa mission était d'admettre ce qui s'est trouvé de meilleur dans chaque système. Sa mission était de consacrer le passé dans tout ce qu'il avait eu de juste et de vrai, en marchant graduellement et sans secousse à un avenir de progrès et d'améliorations, seul but vers lequel doivent tendre tous les régimes, raison dernière de tout gouvernement qui veut être durable....

D'autre part, ce gouvernement de 1830, dont la nature était nécessairement mixte, et qui devait tant de choses à chacun des gouvernemens qui l'avaient précédé, et particulièrement à celui dont il descendait le plus immédiatement et auquel il tenait de plus près, ce gouvernement de 1830 était-il si opposé au précédent qu'on puisse dire qu'il y avait mille ans entre le 25 et le 29 juillet 1830?

* Il devait à 91 la représentation nationale, la liberté individuelle et de la presse, l'égalité civile et politique; à l'empire sa législation et l'administration; à la restauration, la Charte.

S'il est vrai qu'un gouvernement ne peut exister avec des principes contraires à ceux qui constituent la société que ce gouvernement représente, et c'est une chose incontestable, le gouvernement de 1830 ne pouvait avoir rien de tranché, c'est-à-dire ne pouvait revêtir une forme bien différente de celui auquel il succédait, puisque la société de 1830, malgré la révolution de juillet, était restée la même et absolument la même qu'avant cette révolution. Ses mœurs et ses croyances n'avaient pu être changées en trois jours, car l'humanité ne va pas ainsi : sa marche est progressive, et, quand une révolution sociale s'accomplit, elle était déjà passée dans les mœurs bien avant le fait matériel, on pourrait dire, de la révolution.

Or, après les journées de juillet, les opinions et les choses sont demeurées dans l'état où elles se trouvaient au jour où la révolution a éclaté, et ceux qui croyaient à la légitimité et au droit divin avant 1830 y croient encore aujourd'hui et de la même manière, ni plus ni moins; de même que ceux qui ont mis la main à la révolution de juillet ne croyaient pas plus à la légitimité et au droit divin, en 1825, par exemple, qu'en 1830 : donc la révolution de juillet ne nous a rien appris que ce que nous savions; elle ne nous a donné et ne pouvait nous donner que ce que nous voulions depuis quinze ans, c'est-à-dire la Charte devenue *vérité*, la Charte dégagée de tout l'alliage et des impuretés qui s'y étaient mêlés sous tant de ministères impopulaires, la Charte avec les améliorations que nous voulions aussi depuis quinze ans; mais rien que la Charte*; et, en somme, la société de 1830, qui voulait la Charte, voulait nécessairement la monarchie**. Ce qu'elle demandait à la monarchie quelle que fût d'ailleurs cette monarchie, c'était d'être attachée de cœur et d'esprit aux institutions constitutionnelles consacrées par la Charte; et le jour où un monarque inconstitutionnel a voulu briser la Charte, la société a changé le monarque, comme elle le ferait encore s'il s'en rencontrait un qui voulût méconnaître la Charte. Mais si le monarque fut changé, la monarchie resta debout, car elle est un besoin de la société de 1830. Donc la société actuelle, qui voulait la monarchie avec la Charte, après comme avant 1830, n'avait pas changé au 29 juillet: donc le gouvernement de 1830, dont la destinée était, comme pour tout gouvernement, de suivre la marche de la société dont il dépendait, le gouvernement de 1830 ne pouvait non plus revêtir une forme bien différente de celui qui l'avait précédé.

Que si un gouvernement différent de celui-ci

* « Rien de plus, rien de moins, rien autrement que la Charte, » disait Foy. Et nous avons aujourd'hui, de plus, le jury de la presse, et le nombre des électeurs plus que doublé; de moins l'art. 14, la religion de l'État et le double vote.

** « Nous avons institué en France une monarchie, elle vit par l'assentiment de tous. C'est un fait aussi despotique que le fait le plus incontestable, un fait que vous ne pouvez nier. » (*Chambre des députés*, M. Odilon-Barrot, 7 octobre 1831.)

vient à s'établir par la suite, il faudra que la société soit aussi changée, car l'un ne va pas sans l'autre.

En résumé, le gouvernement de 1830 ne pouvait être que ce qu'il a été; il était appelé à continuer la chaîne du passé sans la rompre; et si sa mission était de choisir et de classer le bien partout où il se rencontrait dans chaque système comme dans chacune des phases de la révolution qui date de 89, il était forcé, et c'était pour lui une question de vie ou de mort, il était forcé de régler son pas sur celui de la société à laquelle il était lié, sans la dépasser, comme sans rester en arrière. Voilà ce qu'a été et ce que devait être le gouvernement de 1380 *.

Mais les partis s'arrachent aujourd'hui la révolution de juillet, et chacun explique à sa manière la nature de cette révolution.

Or ceux qui se donnent pour si habiles et qui ne cessent de répéter qu'il fallait faire ceci, cela, sans jamais rien approuver de ce qu'on a fait, ceux qui trouvent de si belles théories, mais toujours inapplicables, pour parler comme ils parlent, ont-ils bien sondé toute la profondeur de cette question: que voulait la France en 1830? question féconde en argumentations, travaillée en tous sens et exploitée le plus souvent par l'intérêt personnel.

Mais mettons dans cet examen toute notre conscience.

* Est-ce bien? est-ce mal? qui peut le dire? mais c'est un fait.

Quel etait le gouvernement que pouvait vouloir la France après les journées de juillet?

Etait-ce la république?

La république se présentait sous deux formes différentes :

Ou comme république pure, ou combinée avec la monarchie.

Or, le principe républicain pur avait-il quelque valeur en 1830?

Pour soutenir une semblable opinion, il faut ne s'être pas trouvé à Paris ou ne l'avoir pas bien connu pendant les jours qui ont précédé cette grande installation d'une monarchie populaire.

En voyant tout ce peuple en armes au nom de la Charte, invoquant le nom de la Charte pendant le combat comme après la victoire *, rétablissant l'ordre partout au nom de la Charte, on demande si, pendant ces journées, ce peuple voulait d'autres principes que ceux qu'il avait défendus en combattant pour la Charte.

Et au milieu de cette foule toute puissante, et qui alors résumait en elle seule la force publique de la France, à la vue de ces députés proclamant le roi des Français ayant pour toute escorte cent cinquante gardes nationaux improvisés le matin même, on demande comment on a surpris la volonté des

* « La Charte, dont le nom invoqué pendant le combat, l'était encore après la victoire. » (Discours du roi à la séance de la Chambre, 3 août 1830.)

citoyens, en quoi on a pu se méprendre sur les sentimens qui animaient alors, non pas seulement Paris, mais la France, car l'adhésion successive des départemens a prouvé leur sympathie avec l'opinion de Paris : et celle de Paris était bien facile à connaître, puisque, pendant ces grands jours, Paris était tout entier à l'Hôtel-de-Ville, à la Chambre des députés et à la place Vendôme. On demande, enfin, si alors le cri de la république aurait pu trouver de l'écho en France.

Si on connaît bien les élémens nécessaires à l'existence de ce gouvernement qu'on appelle république, on doit dire qu'un pareil gouvernement ne pouvait s'établir après 1830.

La société de 1830 était-elle donc faite pour la république? se sentait-elle dans l'âme les vertus politiques nécessaires dans une république? Les esprits ardens qui veulent à toute force cette forme de gouvernement savent-ils à quoi ils s'engageraient s'ils la voulaient avec toutes ses conséquences?

La république, dans toute la force du mot, est la substitution de la société politique à la place de la société civile. Un républicain n'est ni père de famille, ni mari, ni marchand; il est citoyen, et seulement citoyen; absolument comme les premiers chrétiens, qui, du jour qu'ils avaient embrassé la religion du Christ, n'avaient plus ni famille, ni patrie, mais ils étaient chrétiens, c'est-à-dire qu'ils devaient tout quitter pour la religion du Christ.

Si donc, dans une république, le civisme politique est la première vertu et celle qui absorbe toutes les autres; si, pour être citoyen, il faut être prêt à faire le sacrifice de toutes les choses par lesquelles on tient à la société; si les affaires de la république passent avant les affaires particulières; si, pour être bon républicain, il faut tout abandonner quand la république le veut, la république était impossible en 1830, et la société de 1830 était incapable du dévoûment républicain*.

Ainsi, non-seulement la France ne voulait pas de la république, mais elle était impossible, et elle le sera long-temps encore, malgré les prévisions et les prophéties de plus d'un républicain qui arrange sa république dans son cabinet, bien convaincu que tout ira selon sa fantaisie.

On a répondu par l'exemple des États-Unis. Mais les circonstances étaient-elles donc les mêmes? Trouve-t-on le moindre rapport entre ces deux pays? Peut-on comparer une nation dont la vie politique compte à peine soixante ans d'existence à une nation qui date de quatorze siècles? Peut-on comparer une nation dont la population est si fai-

* Essayez de proposer à un marchand de quitter sa boutique, à un banquier de manquer la Bourse, à un avocat le Palais, pour aller sur la place publique ou dans les assemblées primaires, vous verrez de quel air il vous écoutera. On a grand'peine à trouver quelques députés assidus pour faire les affaires de notre monarchie constitutionnelle, et encore la plupart ont des revenus assurés, ce qui ne les empêche pas de demander fréquemment des congés.

ble relativement à l'immense étendue de son territoire, à la France si peuplée, dont tous les individus sont si nombreux et si actifs, si serrés et si impatiens; une société encore si jeune, et qui n'avait pas encore d'antécédens politiques le jour où elle prit rang parmi les nations, à une société si avancée, une des plus anciennes de la vieille Europe, et qui avait passé par toutes les formes de gouvernemens? Quand les États-Unis se formèrent en république, ils n'avaient eu jusqu'alors, à vrai dire, aucune autre forme de gouvernement: ils n'avaient donc ni abus ni préjugés à vaincre *. La république n'eut pas de peine à s'établir. Mais il y avait en France haine de la république; car la France se souvenait de la république; et l'instinct repoussait un tel gouvernement, car la république est, pour le marchand, le *maximum*; pour le propriétaire, la spoliation et les échafauds; pour tout le monde, le désordre.

Le principe républicain pur n'avait donc aucune valeur en France, et ceux-là même qui, d'abord, avaient voulu la république, se rétractèrent ensuite, et nièrent l'avoir voulue, tant la chose leur paraissait impraticable **.

* Cela est si vrai que les autres républiques du sud de l'Amérique ont bien des difficultés à surmonter, car il n'est pas si aisé de passer d'une forme de gouvernement à une autre sans combattre long-temps et à chaque pas; et la royauté a de trop profondes racines dans cette terre pour que la république puisse y être facilement implantée.

** « Ils n'avaient avec eux qu'un seul personnage; bien

Restait le second principe républicain, c'est-à-dire la combinaison de la république avec un trône héréditaire.

Mais cela était difficile à réaliser. Ce principe tend à confier au peuple des droits entièrement opposés à ceux de la royauté, il entretient des habitudes de méfiance et d'hostilité entre ces deux pouvoirs, dont l'un doit nécessairement finir par absorber ou annuler l'autre *. Ce système ne pouvait présenter que des difficultés sans nombre et peu de chances de bonheur pour la France, car c'était une monarchie avec des institutions anti-monarchiques, c'était un roi sans royauté, un trône comme isolé au milieu d'autres républiques **.

Point de république! tel était le cri de la France en 1830.

Voulait-on de l'empire?

Mais, excepté quelques vieux soldats ou quelques douairières ***, tristes et pâles débris d'une cour si

grand, il est vrai, M. Lafayette; mais M. Lafayette irrésolu, hésitant entre ses souvenirs et sa raison.» (M. Thiers, *de la Monarchie de* 1830.)

* Il est certain que l'Assemblée constituante ne voulait pas renverser le trône; mais une seule chose lui a manqué, c'était de se moins défier du pouvoir royal.

** Il y avait un troisième principe de gouvernement, celui d'une monarchie constitutionnelle. Ce principe était parfaitement d'accord avec les besoins du pays, en ce qu'il établit des intérêts communs entre le peuple et la couronne. C'est pour ce principe que le peuple avait combattu en juillet.

*** «Et aussi quelques vieux personnages mécontens d'un

vite effacée, quel Français ami de la liberté aurait voulu confier le vaisseau libre de l'État au fils du despote, aux mains d'un Autrichien, l'élève de Metternich?

Était-ce la restauration * qu'il fallait continuer dans la personne du duc de Bordeaux?

Ah! l'injure faite à la France avait été trop forte; le peuple était alors trop justement irrité; trop de haines avaient été soulevées contre ce monarque toujours poussé par la fatalité de faute en faute. Son trône avait été brisé par les pavés de juillet; et, malgré l'intérêt que pouvait présenter un enfant malheureux et qui n'avait pas mérité d'être puni du crime de ses pères, fallait-il, pour un enfant, commettre la fortune de la France? fallait-il, pour un principe frappé de mort au 25 juillet, courir encore la chance des révolutions et des guerres civiles, éternelle plaie des nations?

Il faut le dire: malgré les éloquentes paroles d'un grand écrivain qui a consacré sa noble vie à des princes toujours oublieux et ingrats, après les journées de juillet, tout lien était rompu avec cette famille. Entre la France et le roi qui avait signé les ordonnances, il y avait des abîmes: sa couronne avait été souillée d'un sang dont la tache sera éternelle. Et du château de Saint-Cloud, ce roi si

régime sévère, fondé sur l'économie, la publicité, une discussion perpétuelle des actes des fonctionnaires publics. » (M. Thiers, *De la monarchie de* 1830.)

* « La restauration avec ses inconvéniens et ses stupidités. » (Chateaubriand, *de la Restauration et de la Monarchie élective*.)

mal conseillé, auprès de qui, jusqu'au dernier moment, ses plus fidèles amis n'ont pas trouvé accès, Charles X a pu entendre son arrêt de déchéance prononcé à tout jamais par le peuple au bruit du canon de victoire des Invalides.

Ceux qui ont voulu et qui veulent encore Henri V, et qui croient la chose possible sans exposer le pays aux plus graves dangers, ceux-là ont les yeux fascinés et ne connaissent pas la nature et les inconvéniens d'une régence, en général, et surtout dans les circonstances où se trouvait la France en 1830.

D'abord c'était une régence, c'est-à-dire encore du provisoire; et, en cela, c'était une chose mauvaise, parce que la France avait besoin de positif; et si une régence est nuisible à cause du provisoire, en tout état de cause, et même lorsque le principe du gouvernement n'est pas contesté, à plus forte raison elle devait être dangereuse dans un État où tant de principes opposés sont continuellement en guerre.

Et quoi de plus déplorable que la régence qu'on nous proposait, avec les antécédens de la famille de celui qu'on destinait au trône, quelles que fussent d'ailleurs les garanties que pouvait présenter la personne et le caractère du régent qui aurait gouverné en son nom *? Quoi de plus triste

* « Qu'on se figure ce gouvernement composé d'un vieillard, d'un enfant, d'un collatéral, siégeant à Rome, à Paris, mi-

qu'une minorité que rien n'aurait pu soustraire aux influences pernicieuses de toutes sortes, qui auraient enveloppé et corrompu l'enfance d'une royauté à venir; car le parti prêtre et l'émigration réclamaient cet enfant, dont il se réservaient de diriger l'éducation.

Il n'était pas si facile « de dompter les veneurs et les douairières, les inquisiteurs et les publicistes de Saint-Germain et de Fontainebleau *. »

Et malgré toutes les garanties qu'on aurait pu offrir à la liberté, le passé nous donnait le droit de ne pas ajouter trop de foi aux protestations et aux sermens.

D'ailleurs, après tant de combats et de souffrances depuis quarante ans, fallait-il que la France fût encore condamnée à ne vivre jamais qu'en espérance? Nous aurions eu Henri V constitutionnel dans sa minorité; mais qui nous aurait répondu de Henri V devenu homme? L'amour des institutions constitutionnelles de la France est-il donc si ardent au cœur de toute sa race? Et, en admettant que, pendant la minorité, le gouvernement eût été franchement libéral, le jour de sa majorité, Henri V se serait souvenu de sa première éducation; le jour de sa majorité, il aurait voulu aussi faire le roi, il aurait

partie de prêtres, d'instituteurs, de ministres, tiraillé, calomnié, déconsidéré, ne pouvant rien, n'osant rien.» (M. Thiers, *de la Monarchie de* 1830.)

* CHATEAUBRIAND, *de la Restauration et de la Monarchie élective.*

annulé les actes faits en son nom; il aurait désavoué la liberté factieuse de la régence, et n'aurait jamais envisagé qu'avec horreur la révolution de 1830, elle qui avait osé expulser ses aïeux, sans respect pour l'antiquité de leurs droits. Une autre rovolution eût été nécessaire : voilà pourquoi la France ne voulait pas du duc de Bordeaux.

La France ne voulait donc ni de la république, ni de l'empire, ni de la régence avec Henri V.

Que voulait-elle?

Certaines gens, qui n'ont pas trouvé dans la révolution de juillet tout ce qu'ils en attendaient, à ce qu'ils prétendent, c'est-à-dire tous les avantages personnels qu'ils espéraient en retirer, et c'est le plus grand nombre, se plaignent de la précipitation * qu'on a mise à l'installation du nouveau roi, et même on voit tous les jours les hommes les plus opposés d'opinion invoquer tous ensemble et d'un commun accord le principe du suffrage universel **.

Il fallait ouvrir des registres pour que chacun vînt signer et apporter son adhésion au gouvernement qu'il convenait d'établir. On a cité l'exem-

* « Comme vous j'ai eu la pensée d'une Assemblée constituante, mais j'ai bientôt senti la nécessité impérieuse des circonstances, et l'on est fort à l'aise aujourd'hui pour nous reprocher notre précipitation. » (Discours de M. Lafayette, 7 octobre 1831.)

** M. Cormenin, M. Chateaubriand, M. Berryer, qui l'a déclaré à la Chambre, le 21 décembre 1831.

ple de Bonaparte : l'exemple est bien choisi ! et lorsqu'il s'agit de liberté, il sied bien d'invoquer l'autorité d'un despote ! L'homme de brumaire, l'homme du sabre invitant les bons bourgeois de Paris à lui donner leurs voix, celui qui, à Saint-Cloud, jetait les députés par les fenêtres, mendiant les suffrages des Parisiens tout fiers d'avoir fait un acte de citoyens libres. Qui donc a été la dupe de cette farce jouée avec tant d'audace et de bonheur ? Quand cet homme faisait semblant de se soumettre à une formalité toute abusive, il savait bien que peu de voix libres s'éléveraient pour le contredire, et il se sentait fort de la force des baïonnettes.

Mais on objecte qu'après les journées de juillet les votes eussent été libres, et que c'eût été un moyen infaillible de connaître l'opinion de la France, c'est-à-dire de remettre tout en question, ce qui était un grand mal, car quelle que sainte que soit la révolte, on ne saurait trop tôt clorre une révolution.

D'autres, qui avaient approuvé la monarchie nouvelle en 1830, qui avaient signé la Charte de 1814 et de 1830, qui avaient prêté serment à la Charte en 1831, et qui n'avaient pas dédaigné une place de conseiller d'État sous ce gouvernement si illégalement créé, se sont ravisés depuis ; ils ont appelé l'œuvre de juillet une *œuvre informe**, prétendant qu'il fallait un congrès national en 1830 et des assemblées primaires.

*Ce bonnet rouge pourrait bien cacher la tête d'un carliste.

Mais d'abord, si on reconnait qu'il n'y avait plus de pouvoir légal en France, si on soutient qu'il fallait convoquer les assemblées primaires, qui donc devait ordonner cette convocation? s'il n'y avait plus de pouvoir légal, qui devait faire la loi en vertu de laquelle ces assemblées se seraient réunies? qui aurait gouverné le pays pendant ce temps? et qui donc avait plus le droit de convoquer les assemblées primaires que de nommer un lieutenant-général, et un lieutenant-général qu'un roi? quel mode de convocation? quelles formes étaient à suivre? y pense-t-on? au mois de juillet 1830, était-il bien prudent de tenter cette épreuve? convoquer des assemblées primaires, et puis attendre!

Oui, pour laisser le temps à ce parti toujours vaincu et toujours incorrigible de se relever de sa chute, qui avait été si brusque et si imprévue; oui, pour que la conspiration pût s'organiser à son aise, comme à Coblentz, et toute dans l'intérêt du pays.

Oui, pour laisser le temps aux fous et aux illuminés de réaliser leurs absurdes chimères, donnant une seconde fois à la France le spectacle des tribuns et dictateurs d'anarchie, orateurs de carrefours, décrétant la république et la Raison, imitateurs insensés, plagiaires ineptes, tout prêts à renouveler les scènes de 93 au nom de la souveraineté du peuple.

Mais croit-on que le moment était bon pour attendre, après une commotion si violente que tous les trônes voisins ont été ébranlés du même coup? Attendre paisiblement les votes successifs de trente millions d'hommes, alors que la France était encore toute surprise et presque effrayée de ce grand événement, risquer la fortune publique pour quelques votes de plus ou de moins, pour quelques résultats d'arithmétique plus ou moins satisfaisans, pour nous donner le plaisir de voir un gouvernement mis pendant long-temps en délibération *, puis voté par assis et levé! N'était-ce pas une folie, n'est-ce pas un de ces moyens stériles qui ne prouvent jamais rien, qui ne contentent personne, et qui d'ailleurs n'aurait eu d'autre effet que de compromettre mal à propos la cause si belle de la révolution de 1830, tandis qu'il est constant qu'à cette époque, pour que l'ordre social ne fût pas troublé, il fallait une détermination la plus prompte possible **, car l'anarchie était là, se repentant d'avoir laissé faire le peuple généreux et vainqueur, l'anarchie traînant après elle les excès et les vengeances, quoi qu'en disent bien des gens qui

* La Belgique a-t-elle été plus heureuse pendant quatre mois d'incertitude? et si la France n'avait pas été son alliée, croit-on qu'une puissance voisine n'aurait pas décidé la question à sa manière? Et cependant ce ne sont pas les conseils qui ont manqué aux Belges, ni les instructions ni les promesses, tout cela émané des clubs et du grand Bureau de Paris!

** « Considérant que le trône est vacant et qu'il est indispensable d'y pourvoir, que l'intérêt universel et pressant du peuple français appelle au trône Louis-Philippe. » (Déclaration de la Chambre, 7 août 1830.)

ont l'air de rire des faits malheureusement trop vrais de notre histoire ; car, en politique comme en religion, il y a des gens qui se font esprits-forts, affirmant qu'ils n'ont peur de rien, sitôt que le danger est passé; ils font d'abord semblant d'être rassurés, comme les enfans qui chantent dans les ténèbres, et ils sont, à vrai dire, tout aussi peureux * que les autres, et, au moindre bruit, à la moindre émeute, ils sont occupés à cacher leur or, et ils mettent en sûreté ce qu'ils ont de précieux.

Certes, à voir l'impatience de chacun à cette époque, l'inquiétude sur tous les visages, à entendre ces questions de chaque citoyen demandant à toute heure, à toute minute, « que font les députés ? se hâtent-ils de nommer le roi? le prince accepte-t-il? quand proclame-t-on Louis-Philippe ?» et il y avait à peine huit jours que la révolution était faite: on conviendra que Paris ne présentait pas l'aspect d'une ville pouvant attendre encore longtemps dans l'incertitude, lorsque chacun au con-

* Si on ne s'était fait une loi de ne jamais s'écarter du devoir d'une décente critique, sans s'attaquer aux personnes, comme fait l'opposition tous les jours, on aurait pu citer des noms et quelques hommes aujourd'hui si fougueux et si braves se seraient trouvés en contradiction avec leur conduite plus que timorée pendant les glorieux jours, de même que, parmi les décorés de juillet, il y en aurait plus d'un à qui sa conscience pourrait bien reprocher de n'avoir guère la vu bataille, ni respiré l'odeur de la poudre.

traire accusait de lenteur le gouvernement provisoire.

Mais ceux qui se font aujourd'hui si furieux contre l'installation de Louis-Philippe, où donc étaient-ils pendant ces jours où la France faisait un roi? où donc se cachait alors l'opposition aujourd'hui si mutine et si revêche *?

Vous qui soutenez que le roi n'a pas été nommé légalement, qui donc vous empêchait de vous opposer comme aujourd'hui? quelles gardes, quelles armées vous auraient résisté? cent députés étaient-ils donc une force bien imposante? et lorsque vous venez nous parler de vos protestations et étaler aux yeux de la France vos superbes professions de foi, un peu tardives aujourd'hui, il est permis de penser que si la France a laissé faire ceux qui nommaient un roi, c'est qu'elle l'a bien voulu, c'est qu'un tel roi lui plaisait; son consentement tacite était une déclaration positive: donc Louis-Philippe était bien l'élu de la France **.

* «Nous trouvions à côté de nous, dans les rangs même de l'opposition, un prince, chef d'une branche qui, depuis Louis XIV, époque où elle fut séparée de la branche aînée, n'avait cessé d'être repoussée, calomniée, persécutée.» (M. Thiers, *de la Monarchie de* 1830.)

** «Lorsque nos concitoyens tombaient fusillés par les Suisses pour avoir voulu défendre la Charte, les circonstances nous ont investis d'un autre mandat que celui que nous tenions de la Charte octroyée; il s'agissait de *sauver* la France, et je crois que nous l'avons fait.» (Benjamin Constant, Chambre des députés, 30 août 1830.)

Et on est mal fondé à dire que le mandat des 221 était expiré le 26 juillet : s'il était expiré *, la France l'avait renouvelé en ajoutant encore plus d'extension aux pouvoirs qu'elle avait donné aux signataires de l'adresse; car, s'ils s'étaient dévoués pour la cause de la liberté, si leurs jours étaient mis à prix lors des ordonnances, ils avaient bien mérité que la France remît à leur patriotisme le soin de relever une couronne pour la poser sur une tête plus digne; et du reste, les élections ultérieures ont prouvé quelle était la pensée de la France **; il est resté évident que la députation de 1831, quoique plus jeune et plus légitime, puisque les élections avaient été parfaitement libres, n'aurait pas mieux fait que celle de 1830, et qu'elle aurait fait la même chose.

Il est donc un fait incontestable, c'est que le

* « On a prétendu que nous n'avions pas le droit de faire les actes qui nous sont proposés par M. Bérard, moi je ne parlerai pas de votre droit, je parlerai de vos devoirs ! ces devoirs sont la mesure de vos droits. Quant à moi, au milieu de mes commettans, dans cette grande ville, s'ils pouvaient être rassemblés, je leur dirais : Je crois que mes pouvoirs sont grandis par les événemens, et d'ailleurs je prends sur moi toute la responsabilité. » (Discours de M. Eusèbe-Salverte, 7 août 1830, à la Chambre des députés.)

** « Oui, nous avons devancé le vœu, impossible à recueillir, de la souveraineté nationale, mais c'est que nous le connaissions, c'est que nous étions certains d'en obtenir un bill d'indemnité. » (Lettre de MM. Devaux et Kératry, 6 septembre 1831.)

trône ne pouvait rester vacant, car il était urgent de sortir du provisoire.

Ce qu'on demandait alors, c'était donc du positif. Une organisation prompte était nécessaire avant tout.

En quoi consistait cette organisation? Il fallait, comme nous l'avons dit, en admettant certains principes déjà reconnus et proclamés il y a quarante ans, éviter les excès qui avaient ensanglanté la plus grande comme la plus utile des révolutions.

Il fallait relever quelques-unes des couronnes que l'empire nous avait données, pour les laisser ensuite tomber et se flétrir sous l'invasion; et pour cela, il fallait prendre une attitude respectable, c'est-à-dire se préparer à la guerre, mais sans la provoquer, afin d'apprendre au monde que la France était encore une fois remontée au premier rang des nations.

Il fallait admettre aussi et développer les bonnes institutions trouvées dans l'héritage de la restauration, en repoussant toutefois les interprétations odieuses et perfides qui n'avaient d'ailleurs servi qu'à la ruine de leurs auteurs. Établir d'une main ferme l'empire de la loi, non pas féroce et sanglante comme en 93, non pas arbitraire et exceptionnelle comme sous l'empire, non pas privilégiée et mesquine comme sous la restauration, mais de cette loi sainte et sacrée, ne parlant et n'agissant qu'au nom de la justice et de la vérité.

Eh bien! n'est-ce pas là ce qu'a voulu et ce que

veut chaque jour le gouvernement qu'on attaque? N'est-ce pas là le gouvernement modéré, philosophique, le seul enfin qui fût possible après 1830?

Si l'on observe avec bonne foi la marche de ce gouvernement à sa naissance et dès ses premiers pas, on verra qu'il a été tout ce qu'il devait être, c'est-à-dire le corollaire du passé, la transition pour arriver à la fin de ce grand drame qui dure depuis quarante ans autant qu'il est permis à l'humanité de l'espérer. Il avait pour but de continuer la chaîne entre le passé et le présent : il a donc bien accompli sa destinée.

Et, pour se convaincre de cette vérité, il suffit de reprendre tous les premiers faits de l'histoire de 1830, tous les premiers actes émanés du pouvoir d'alors, c'est-à-dire des hommes les moins accusables d'être partisans d'un système ridiculisé par l'opposition. On trouvera que tous ces faits portent l'empreinte de ce caractère qu'on qualifie, par injure, du nom de *juste-milieu*, et que nous traduirons, nous, par système modéré, système de raison.

Lorsqu'on allait au-devant des soldats de Charles X portant encore les couleurs du prince qui avait compromis leur bravoure en l'employant contre des Français, lorsqu'on disait aux gardes royaux : « Venez à nous, tout est oublié, il ne vous sera fait aucun mal ; ce n'est pas vous qui avez été vaincus .... venez à nous, vous allez grossir les rangs de l'armée nationale. » Et ceux qui ont fait ces proclamations n'étaient pas les hommes de la restauration *!

Lorsqu'on donnait l'assurance que personne ne serait poursuivi pour ses opinions, lorsque, par un esprit de modération qui rappelait la loyauté toute chevaleresque des temps anciens, on n'exigeait de ceux auxquels on conservait leurs places d'autre garantie que le serment, lorqu'on reconnaissait les droits des pensionnés de la liste civile, lorsqu'on conservait jusqu'aux pensions des Vendéens ** ,que faisait-on alors? des actes qu'on trouverait détestables aujourd'hui, qu'on appellerait aujourd'hui œuvres monstrueuses du *juste-milieu*, car ces actes étaient des preuves de modération, et la modération n'est plus aujourd'hui que le *modérantisme.*

Lorsqu'on rappelait les bannis, lorsqu'on relevait les statues de Napoléon, lorsqu'on portait en

* Gérard, Laffitte, Lafayette et Delaborde.

** « Vos pères ont couvert de leurs ossemens cette terre au nom de la royauté, nous y avons versé des flots de sang au nom de la liberté, eh bien! ces deux besoins de l'ordre social sont aujourd'hui réunis dans la monarchie constitutionnelle. » (Proclamation du général Lamarque, Vendée, 14 août 1830.)

Voilà donc M. Lamarque atteint et convaincu d'avoir fait un acte de *juste-milieu*, car il a voulu unir la royauté à la liberté, union qui répugne aux républicains comme aux absolutistes; et les amis du peuple ont horreur de la monarchie constitutionnelle, ni plus ni moins que le faubourg Saint-Germain, qui garde encore aujourd'hui rancune au ministère Martignac pour ses velléités de libéralisme.

triomphe un noble pair * qu'on savait être pourtant le plus fidèle ami de la dynastie tombée, et c'était alors la jeunesse agissante et pensante du dix-neuvième siècle, la jeunesse gardant le souvenir de ce que ce grand écrivain avait fait pour la liberté, pardonnant à l'ecrivain légitimiste en faveur du patriote pur et désintéressé.

Lorsqu'on prenait pour roi le parent même du roi déchu, lorsqu'on prononçait enfin partout ces mots consolans *union*, *oubli*, on faisait des choses que n'avait fait jusqu'alors aucun gouvernement d'aucune époque, des choses que l'opposition voudrait aujourd'hui flétrir par les termes les plus injurieux, et cependant, lorsqu'on faisait tout cela, en 1830, on donnait au monde un exemple admirable, celui d'une nation forte et généreuse, libre et vraiment digne de la liberté, on commençait enfin une ère nouvelle sans arrière-pensée, sans espèce de vengeance **.

* « A une autre époque on aurait mis un royaliste à la lanterne : ceux-ci étaient de jeunes soldats, vrais enfans de la liberté, qui conduisaient un royaliste à la Chambre héréditaire, s'efforçant d'embellir la victoire par tout ce que l'honneur ajoute de générosité au courage. »

(Chateaubriand, *de la Nouvelle Proposition*, etc.)

** Et ceux qui ont voulu tout cela et qui le veulent encore sont tombés sous le ridicule, et des hommes graves, dont l'expérience aurait dû mûrir les opinions, ont joué le rôle d'enfans qui se moquent des personnes raisonnables. Les modéres ont été appelés *furieux de modération*. (Paroles de M. Lafayette, 20 février 1831.)

Quoi que dise et que fasse l'opposition, un gouvernement qui s'est appuyé tout d'abord sur de tels principes peut être appelé avec raison bien méritant de la patrie. Un roi marchant le premier à la tête d'un système semblable pour en développer toutes les conséquences, c'est-à-dire voulant être juste, clément, libéral, ayant toujours en vue le bonheur du pays, n'a-t-il pas fait beaucoup pour ses contemporains, tous les bons citoyens ne doivent-ils pas se rallier autour de lui? fallait-il, pour un tel roi, recourir au suffrage universel *.

Et ceux qui se sont associés à ses travaux, ceux dont toute l'étude, depuis qu'ils sont aux affaires, a été de maintenir l'ordre au-dedans et la paix à l'extérieur, au milieu de tant d'élémens de discorde et de guerre, ils ont pour récompense l'insulte et le mépris! l'opposition les dénonce comme les plus grands ennemis de la France, et j'en connais qui les détestent plus encore qu'ils ne détestent les prisonniers du château de Ham.

Mais enfin, quels sont-ils ceux que l'opposition poursuit avec fureur? quels sont-ils ceux qu'elle traîne chaque jour devant le tribunal de l'opinion? qui sont les accusés?

Quoi les hommes qui ont combattu quinze ans

* « Nous avons combattu le suffrage universel toutes les fois qu'il s'est présenté à cette tribune; il n'a jamais été demandé que par un membre de la droite. (M. Berryer.) » (Discours de M. Odilon-Barrot à la Chambre des députés, 21 décembre 1831.)

pour la liberté, qui, aux journées de juillet, ont jeté leur fortune et leur vie au hasard des barricades, quoi! les nobles amis de Foy, de Manuel, ceux dont la tête était mise à prix pour avoir défendu les lois et la vérité, ces hommes, la gloire et l'honneur de leur pays, seraient aujourd'hui méprisables et détestés, parce qu'ils sont au pouvoir et qu'ils veulent aujourd'hui ce qu'ils voulaient avant 1830, et ce que la France voulait comme eux? Mais quelle ingratitude, oublions-nous donc si vite le bien qu'on nous fait? ne sommes-nous donc plus ce peuple généreux et magnanime qu'on a vu après la victoire donner ses soins également à ses amis et à ses ennemis?

Ah! si un jour ceux qui marchent aujourd'hui à votre tête, ceux que vous reconnaissez comme seuls représentant le système que vous croyez le meilleur, si ces hommes dont vous suivez aujourd'hui la bannière arrivent au pouvoir à leur tour, pensez-vous que leur popularité ne sera pas bientôt usée? pensez-vous que l'opposition ne sera pas bientôt retournée contre eux?

Arrivés au pouvoir, ils voudront faire respecter le pouvoir; ils voudront, comme on le veut aujourd'hui, le maintien de l'ordre et l'exécution des lois, seule condition d'un pouvoir possible.

Alors il fera beau voir chaque matin descendre de leur faubourg les Écoles qui les portent aujour. en triomphe, hurlant aux portes de ceux qu'elles auront poussé au pouvoir, demandant aux hommes qui se disent les hommes du peuple des concessions au nom du peuple; car, de concessions en concessions, jusqu'où ne vont pas les masses toujours ignorantes, toujours irritées? Il fera beau voir la multitude furieuse et ameutée contre les ministres d'alors, vociférant les mêmes injures et les mêmes calomnies; ce sera un spectacle curieux, mais pour tout autre que pour un Français, de lire chaque matin, dans les journaux de l'opposition, les mêmes phrases reproduites, les mêmes mots répétés, seulement les personnes changées*!

Alors, il faut le dire, la liberté sera encore une fois perdue; nous aurons l'anarchie, et puis le despotisme; car ainsi va l'humanité, et il semble que les peuples soient condamnés à rester dans un cercle dont ils ne sortent jamais; ils travaillent, ils combattent, ils souffrent pour une idée, ou, pour mieux dire, pour une forme, et puis une autre, jusqu'à ce qu'enfin, après bien du temps et des peines, ils se retrouvent au point dont ils étaient partis.

Où serait donc aujourd'hui notre liberté de 1830 si on avait écouté l'opposition qui s'était faite si belliqueuse, et qui voulait absolument déclarer la guerre, non pas à une nation, mais à l'Europe entière, si on avait tenu compte de toutes les folies

* « Après les excès du 20 juin 92, lorsque Lafayette voulut aussi reprimer les factions, lorsqu'il éleva la voix pour demander que le règne des clubs fît place au règne des lois, il fut appelé le traître Lafayette, et son effigie fut brûlée, le 30 juin, au Palais-Royal. » (*Biographie des Contemporains.*)

qui ont été dites à la tribune ou dans les journaux sur la question de paix ou de guerre à l'époque de 1830? Si on avait eu la faiblesse de céder aux déclamations toutes brûlantes de patriotisme et de gloire * dont nous étions journellement obsédés, quel serait donc aujourd'hui l'état de la France?

A entendre tous ces fanfarons d'alors, il fallait déclarer la guerre immédiatement après les journées de juillet; c'est-à-dire au moment où ne faisait que commencer cette crise commerciale qui avait déjà bouleversé tant de fortunes et compromis tant d'existences; il fallait immoler le bonheur à venir de la France à une idée germée dans quelques cerveaux en démence : la guerre était nécessaire, afin de donner la liberté au monde; et, pour soutenir de si hautes prétentions, nous avions alors, tout compté, cinquante mille hommes d'effectif **!

C'était merveille, en effet, de voir quel esprit guerrier s'était emparé de tous ces Français. Depuis l'étudiant jusqu'au commis, depuis le boutiquier jusqu'au banquier, tous ne rêvaient que guerres et

* « La gloire est un ciment si puissant, elle environne un trône d'une si brillante auréole, elle fait pousser des racines si profondes à une dynastie nouvelle, qu'il est politique de vouloir la guerre, même sans motifs » (Discours du général Lamarque, le 15 janvier 1831, Chambre des députés.)

** Si on excepte l'armée d'Alger, ce chiffre est peut-être beaucoup trop élevé, et encore, le peu que nous avions de troupes était désorganisé par l'antipathie qui existait alors entre les officiers et les soldats.

que batailles, et tous portaient moustaches, et tous étaient armés de pied en cap, et tous étaient prêts à partir pour la frontière.

Où donc nous aurait mené ce beau donquichottisme*, sans armée, sans matériel, sans troupes régulières, pour le soutenir? Le résultat devait être forcément l'invasion : ce n'est pas qu'on doive jamais douter de la valeur française; mais faire la guerre alors était chose dangereuse.

Aujourd'hui, du moins, nous y sommes préparés, et dût toute l'Europe fondre sur nous, il y a pour nous chance de succès; car nous avons une armée, et une belle armée, capable de faire repentir ceux qui oseraient nous déclarer la guerre.

Mais, en 1830, quoi qu'on ait pu dire, il fallait faire peu de fond de cet esprit guerrier et de cet enthousiasme qui semblaient animer alors toute la France, enthousiasme vrai pour quelques-uns, mais factice et stérile pour la plupart. Et s'il faut en croire ceux qui connaissent l'art de la guerre, l'harmonie et l'unité sont nécessaires avant tout, et

* « Toutes les fois qu'un peuple de l'Europe, où qu'il soit « placé, veut recouvrer ses droits, et qu'une intervention « étrangère veut l'en empêcher, c'est une hostilité directe « contre nous, c'est la France qu'on attaque. » (Paroles de M. Lafayette à la Chambre des députés, 15 janvier 1831.) C'est-à-dire qu'il faudra toujours, afin d'imiter parfaitement le bon gentilhomme de la Manche, aller combattre partout, fût-ce au bout du monde, le mon rque qui s'aviserait de nier ou d'insulter la beauté de notre dame.

les guerres par masses ont toujours été nuisibles au pays qui les a faites; car, au moindre revers, il ne reste plus rien de tous ces corps nombreux rassemblés de toutes parts, à la hâte et sans ordre.

On a cru réfuter victorieusement tous ces argumens contre la guerre, par l'exemple de la première révolution, et on a invoqué le principe de 93.

Un homme qui était à la tête des affaires, en décembre 1830, répondit avec raison à ceux qui demandaient la guerre avec instance :

« Déclarer la guerre à cette époque est peut-être une bonne chose, mais à la condition d'établir sur-le-champ un comité de salut public : sans cela, point de guerre. »

Or, le régime de 93 était-il bon en 1830 *?

Ah ! si la France eût porté le défi aux nations en 1830, comme le voulaient les fous et les ennemis de notre révolution, elle se repentirait à l'heure qu'il est de s'être jetée dans une guerre sans précaution et à l'étourdie, et, à l'heure qu'il est, plus d'un bourgeois, si ardent et si curieux de guerroyer en 1830, serait à regretter sa boutique et son lit; il serait mécontent d'avoir échangé en pure perte les avantages d'une vie sûre et paisible pour le bivouac et la bataille.

Car, si on examine bien l'esprit de la société actuelle, on verra que les majorités ne sont guère au-

* Quand vous soutenez cela, clubistes, le croyez-vous?

jourd'hui si aventureuses ni si avides de dangers et de gloire; et, à moins de nécessité absolue, on conviendra qu'il eût été peu sage à la France de vouloir la guerre en 1830 * et de courir la chance de gagner ou de perdre en un jour ce qu'elle est certaine d'obtenir du temps et de la perfectibilité de l'esprit humain.

La paix était alors nécessaire à la France**, et c'est pour l'avoir voulue que le gouvernement de 1830 a trouvé tant de contradicteurs***! Mais s'il a préféré la paix, il ne l'a pas voulue à tout prix,**** comme l'a dit l'opposition; il n'a pas reculé devant la guerre

* « L'Europe n'est pas menaçante. Nous voulons être libres d'une liberté constitutionnelle qui ne donne d'alarmes à personne. Nous avons renoncé à un système d'attaque provoqué d'abord par l'agression étrangère, et qui nous devint funeste par l'excès d'un pouvoir trop étendu. » (Discours de Benjamin Constant à la Chambre, 7 août 1830.)

** La France veut la paix, parce qu'une guerre, soit de principe, soit de territoire, entraînerait une conflagration universelle. Si la France était dans l'humiliation, par cela seul qu'elle est encore dans les traités de 1814, il faudrait en sortir, mais la France n'en est pas là, les traités de 1814 furent un malheur, non une humiliation. » (Discours de M. Laffitte, 11 février 1831.)

***Le ministère actuel, qui s'est déclaré pour la paix, n'a fait au surplus que continuer le système du ministère Laffitte, auquel il avait succédé, et le ministère Laffitte est aujourd'hui regretté de l'opposition, qui, en 1830, le déclarait incapable.

**** « Vous voulez la paix, la paix à tous prix. (Discours du général Lamarque à la Chambre, le 27 janvier 1831.)

sitôt qu'elle a été nécessaire aux intérêts nationaux; et lorsque la Belgique, notre alliée, s'est trouvée en péril, la France est entrée en lice avec noblesse et dignité, appelant au combat à outrance une puissance déloyale, défiant avec elle tous les peuples qui voudraient embrasser sa cause, au risque d'éprouver encore l'énergie et la valeur françaises retrempées et rajeunies aux journées de juillet.

A quoi donc ont servi toutes ces déclamations contre un ministère à qui appartient l'honneur d'avoir jusqu'ici maintenu la paix, * le plus désirable de tous les biens, si ce n'est à dévoiler tout ce qu'il y a de futile et de misérable dans tous le raisonnemens de l'opposition?

L'opposition, régulièrement systématique ** dans ses attaques, a plus d'une fois varié de ton depuis 1830 jusqu'à ce jour. Elle s'est trouvée souvent en contradiction avec elle-même, forcée qu'elle était de soutenir et d'attaquer la même chose, selon que les hommes du pouvoir étaient différens.

Après la révolution de juillet, les hommes à prinipes entrèrent au pouvoir, et l'opposition avait en

* « C'est par nous que la paix a été jusqu'ici conservée, c'est par nous que son maintien doit être assuré à l'Europe. Pendant quinze ans la paix a été *accordée* à la France; désormais, c'est la France qui doit *exiger* la paix. Nous offrons, nous voulons la paix, mais si, de quelque part, s'allument les brandons de discorde, la France est prête. » (Discours du ministre de la guerre à la Chambre, le 28 janvier 1831.)

** M. Mauguin l'a avoué à la Chambre en 1831.

adoration les hommes d'affaires; elle disait aux hommes à principes, aux doctrinaires. « Vous ne savez pas gouverner, vous faites de l'histoire; c'est du temps présent qu'il faut s'occuper; il faut entendre les affaires, et vous n'y entendez rien. » Aujourd'hui que c'est le tour des hommes d'affaires, l'opposition revient aux principes; on ne parle plus aujourd'hui que de théories, de systèmes organiques, de principes constituans.

L'opposition fait aujourd'hui plus que ces rhéteurs d'autrefois, qui parlaient à volonté pour ou contre, et elle a parlé pour et contre alternativement.

L'opposition avait blâmé le roi déchu de ne pas s'être occupé des affaires; elle a blâmé Louis-Philippe de ce qu'il présidait * trop souvent le conseil des ministres. Elle soutint qu'il était plus utile que le roi fît des voyages dans les provinces; et, après avoir dit que la monarchie, pour être populaire, doit se mêler au peuple et descendre dans la rue, elle blâme le voyage du roi en Normandie, lui reprochant de vouloir quêter des suffrages et se faire louer comme faisait la restauration.

L'opposition n'a cessé, pendant quinze ans, de vanter notre gloire nationale, et nos conquêtes, et nos souvenirs; et lorsque Louis-Philippe se plaît

* « En France, depuis la restauration, il y avait rarement plus de deux conseils par semaine; aujourd'hui, les ministres s'assemblent tous les jours chez le roi, ce qui est contraire à la liberté. » (*Courrier français*, 3 janvier 1831.)

à rappeler le temps de ses premières armes, comme aussi l'époque brillante de la première revolution, l'opposition le supporte à peine. Pourquoi donc ce dédain? et pourquoi ne parlerait-il pas de Jemmapes et de Valmy? vous parlez bien de vos exploits, hommes de juillet! Les plus fiers d'entre vous ne sont pas ceux qui ont le plus fait * pour l'œuvre des trois journées, et ils nous fatiguent de leur gloire: le roi seul ne pourra pas rappeler aux Français ce qui est pour lui un titre d'honneur!

Est-ce donc chose si commune qu'un roi qui se vante d'avoir combattu pour la liberté?

L'opposition, à chaque émeute, n'a cessé de répéter: « Cela doit être ainsi; cela n'est pas étonnant; tout le malaise vient de ce que le pouvoir est impopulaire: nommez un ministère de l'opposition, et tout ira bien.» Et lorsqu'on lui propose de former un nouveau ministère, lorsque le ministère veut se retirer, elle demande pourquoi il se retire et ne veut plus du pouvoir.

L'opposition a voulu la guerre avec rage**; elle

* Quelqu'un a dit spirituellement, en avril 1830, en voyant les antichambres encombrées de solliciteurs qui n'avaient pas la mine véritablement vainqueur de juillet: « Les vainqueurs sont dans les ateliers, et les vaincus dans les antichambres. »

** « Ceux qui poussent à la guerre sont plutôt des étourdis que des hommes de guerre. Les hommes de guerre, la main sur la garde de leur épée, attendent le signal, et ne le donnent pas. Ils sont prêts à la guerre quand l'État le coma voulu la guerre, même sans motifs, et lorsque le roi s'est empressé de porter secours à la Belgique, elle a demandé à quoi bon.

L'opposition a censuré tous les actes du roi, même les plus honorables, sous prétexte qu'ils ont été faits dans un intérêt de dynastie.

Si le roi témoigne de la répugnance à faire la guerre comme une chose nuisible au pays, il le fait dans un intérêt de dynastie, et nullement dans l'intérêt de la France; s'il déclare la guerre à la Hollande, c'est encore dans un intérêt de dynastie.

L'opposition a voulu porter secours aux Polonais, et quand on lui a demandé de présenter des plans, elle n'a su rien dire ni rien trouver.

La Chambre a été en proie à des discussions interminables sur la question de savoir si la nationalité polonaise ne périrait pas, sur le papier s'entend, car, quand on s'est aperçu que des paroles étaient peu de chose, et que pour aller en Pologne il fallait traverser la Prusse et l'Autriche, l'opposition a reculé devant une chose impossible.

L'opposition a voulu reconnaître la Pologne: mais qu'est-ce qu'une reconnaissance sans armée pour la soutenir? Or, reconnaître la Pologne, c'était déclarer la guerre, et elle ne voulait plus de la guerre.

L'opposition a voulu d'abord une guerre de pro-

mande. » (Discours de M. Dupin, 27 janvier 1831, Chambre des députés.)

pagande, c'est-à-dire sans soldats, sans armées; révolutionnaire au-dedans, révolutionnaire au-dehors. L'opposition a voulu ensuite une guerre politique, c'est-à-dire constitutionnellement, avec le concours du roi et des Chambres; et puis elle n'en a plus voulu en aucune manière, elle a même désapprouvé notre entrée en Belgique.

L'opposition a reproché au pouvoir les visites domiciliaires comme étant une atteinte à la liberté, et néanmoins elle accusait le pouvoir de laisser conspirer la restauration. Or, le moyen de connaître la vérité et de s'assurer des coupables sans les visites domiciliaires *? Mais, comme l'ordre public s'est trouvé compromis par les amis de l'opposition, elle a crié bien haut, accusant le pouvoir de n'avoir d'énergie que pour sévir contre un parti qu'elle appelle populaire; et si l'opposition arrivait au pouvoir, les visites domiciliaires ne seraient plus à ses yeux une mesure si illégale, elle ne s'en ferait pas faute, et le bon temps reviendrait des rigueurs salutaires.

L'opposition a soupçonné le roi de conspirer pour Henri V. Celui qui a combattu dans sa jeunesse pour la liberté, celui qui a reçu un trône des mains de la Liberté, qui se glorifie d'être roi par la volonté du peuple et qui a juré de défendre

* Les visites domiciliaires ne sont-elles pas reconnues indispensables dans les affaires judiciaires? à plus forte raison lorsqu'il s'agit de la sûreté de l'État.

nos couleurs * contre tous les ennemis de la France, est accusé de trahir le drapeau tricolore pour le drapeau blanc, de déserter Jemmapes pour Coblentz.

L'opposition a reproché au roi de s'être montré anti-Français, pour n'avoir pas voulu de la couronne de Belgique pour son fils. Quoi de plus dur et de plus inhumain qu'un tel reproche!

Était-il convenable d'abandonner un enfant mineur à la merci d'un trône étranger, au milieu des factions, des intrigues, lorsque tous les pouvoirs flottaient dans le chaos et dans l'incertitude?

Si, par un élan spontané, la Belgique eût nommé ce roi, peut-être le roi des Français aurait dû sacrifier sa tendresse paternelle au bonheur d'un peuple ami; mais comment livrer l'avenir d'un enfant à une majorité de deux voix? cela répugnait au cœur de Louis-Philippe, et la France l'a approuvé **.

Si le roi se fait un plaisir et une gloire de distribuer les croix aux hommes de juillet, l'opposition,

* « Je saurai les défendre, soit qu'on ose insulter nos glorieuses couleurs nationales, en essayant de leur opposer le drapeau blanc, soit que d'obscures tentatives se fassent dans l'ombre pour le relever. » (Paroles du roi, du 17 février 1831.)

** « Il était dans son droit : il n'appartient à qui que ce soit d'exiger de la personne du roi, ni de celle de ses enfans, l'acceptation d'une couronne, fût-ce même dans l'intérêt du pays. C'est ici une propriété personnelle que personne ne songe à violer. » (Discours de M. Salverte, du 27 janvier 1831, Chambre des députés.)

brutalement, lui conteste ce droit; l'opposition se met entre le monarque et les citoyens. Mais qui donc devra distribuer les récompenses, si ce n'est le roi comme premier citoyen? Celui à qui est réservé exclusivement le noble droit de faire grâce est-il donc si indigne de donner des croix et des récompenses nationales?

Et puis, dans la fameuse assemblée, des furieux protestent * contre le droit que veut s'arroger un tyran.

Et puis l'opposition fait sonner bien haut la protestation des décorés de juillet; elle parle avec emphase d'une touchante unanimité qui se trouve contestée le lendemain par les signatures de plus des trois quarts de ceux qui avaient protesté.

L'opposition s'est plaint de violences exercées contre des citoyens paisibles, et la maison d'un député a été violée au nom de l'opposition, la populace a été ameutée contre un homme* de talent qui avait plus d'une fois plaidé avec chaleur la cause de l'opposition.

* Il y avait d'autant plus d'inconvenance dans cette protestation que le roi ne distribuait les croix de juillet que sur la désignation du comité des récompenses nationales. C'était donc encore, et comme toujours, une dispute de mots. Il s'agissait de savoir si le roi *donnerait* ou *distribuerait* les croix de juillet. Pourquoi donc tout ce bruit?

** M. Dupin.

« La maison d'un citoyen est la citadelle la plus imprenable d'une société bien faite. » (Discours de lord Chatam.)

Et la police, qui était alors de l'opposition, est restée inactive!

Un parti toujours tramant dans l'ombre a tenté de faire reparaître au jour des couleurs flétries; une odieuse cérémonie a été célébrée dans le sein de la capitale.

Et la police, qui était alors de l'opposition, est restée inactive!

Et le peuple, dans sa sainte colère, a voulu venger les couleurs nationales : il s'est rué sur les misérables; et, comme le peuple ne sait pas s'arrêter, il a rejeté sa rage sur des monumens et sur des choses dignes de respect; des croix ont été brisées, des églises profanées.

Et la police, qui était alors de l'opposition, est restée inactive!

L'opposition a fait des associations soi-disant pour le bien de la patrie, de même que la Société de Jésus avait fait des associations soi-disant aussi pour le bien de la religion; et quand le pouvoir les a blâmées, l'opposition a crié à l'arbitraire, comme si l'association pouvait vouloir quelque chose que ne voulût pas le gouvernement toutes les fois qu'il s'agit de la défense du pays, comme si l'association pouvait faire quelque chose que ne fît pas le gouvernement pour repousser l'invasion; mais il devint évident que l'association voulait avoir une caisse et des affiliations absolument comme la Société de Jésus que l'opposition a si souvent flétrie du nom de congrégation. Dès-lors tout le monde fut convaincu que les associations ne pouvaient être que dangereuses ou inutiles *, car ce n'est pas à nous défendre que tendaient les associations, mais à nous gouverner : donc le pouvoir avait raison.

L'opposition reproche à toute heure aux hommes modérés d'avoir sans cesse devant les yeux le fantôme de la terreur, et l'opposition voit bien d'autres fantômes, elle parle à toute heure de guerre civile et de Vendée, et de conspiration de l'Ouest et du Midi, ou de coalitions de Pilnitz et de Sainte-Alliance **.

L'opposition a demandé des lois d'exception au nom de la liberté, se réservant de protester si un jour on osait appliquer ces lois aux amis de l'opposition; mais la majorité de la Chambre, qui n'est pas de l'opposition, a repoussé les lois d'exception au nom de la liberté***.

L'opposition a blâmé le discours du roi de ce qu'il avait une couleur. Si le discours du roi eût été insignifiant, l'opposition aurait couvert de mépris ce roi faible et cauteleux, demandant grâce

* « Nous n'avions pas de listes pendant les batailles de juillet, et Catilina et les jésuites avaient les leurs. » (Gasparin préfet de l'Isère, 16 mars 1831.)

** L'opposition a évalué à quinze cent mille hommes le nombre de troupes à la veille de nous envahir, et, d'un autre côté, elle n'a pas manqué de réduire le nombre de nos soldats, qu'elle a porté à 150,000 hommes, au lieu de 400,000.

*** Dans un département de l'Ouest, un député de ce département s'est vu forcé de réclamer contre cette demande. (M. de Sivry, 22 octobre 1831.)

pour un ministère qu'il ose garder malgré l'opposition.

L'opposition est dans toutes les émeutes et dans tous les troubles; elle fait partie de tous les clubs, de toutes les sociétés d'anarchie, de toutes les conspirations, et elle affirme devant la justice qu'elle ne conspire pas *.

L'opposition, avant 1830, avait la prétention de marcher avec le siècle et d'être de son temps; il semble qu'aujourd'hui elle joue le rôle de la restauration, dans un sens contraire. La restauration aristocrate était rétrograde, elle ne regardait le passé qu'avec regret; l'opposition radicale, en 1831, est aussi rétrograde. Le 14 juillet 1831, l'opposition voulut donner à la France la parodie du 14 juillet 89, et puis celle de 93. Ils plantèrent des arbres de la liberté, ils crièrent: *vive la république!* admirant Robespierre; comme, en 1825, la restauration avait voulu imiter le temps de la dîme et des droits féodaux par la loi du sacrilége et du droit d'aînesse. Mais le peuple ne voulut ni de bonnet rouge ni d'arbre de la liberté, pas plus qu'il ne veut du droit d'aînesse et de la dîme.

L'opposition voudrait pousser la France vers un avenir de difficultés et de guerres, et son âme toute française se complaît à prophetiser des malheurs. Depuis dix-huit mois, elle nous annonce

* Lisez les déclarations de ces messieurs à la Cour d'assises du 11 janvier 1832.

chaque jour des tempêtes, et on aperçoit à peine quelques nuages par hasard qui se dissipent en un clin-d'œil.

La colère continuelle de l'opposition et le besoin qui la travaille de trouver le mal partout l'empêche de voir les choses comme elles sont. On dirait même qu'elle ne les voit qu'à travers un prisme commode, un verre d'une nature à part et qui a la propriété de grossir à volonté certains objets et de rapetisser certains autres.

Ainsi, le recrutement annuel chez un peuple voisin a été, aux yeux de l'opposition, une levée de quinze cent mille hommes prêts à envahir la France; l'opposition a vu dans quelques centaines de chouans déguenillés le soulèvement général de l'Ouest et du Midi, les traités de paix ont été des manifestes et des déclarations de guerre, les arrangemens ont été des brouilleries; un pauvre commis a-t-il été maintenu en place malgré ses opinions, toutes les places sont données aux carlistes; un préfet est-il révoqué, tous les patriotes sont repoussés, etc.

En revanche, les émeutes ont été les promenades paisibles de citoyens amis de l'ordre; les insultes et les outrages envers des magistrats ont été des protestations énergiques contre l'arbitraire, une levée de poignards dans un banquet et sur la place publique, l'opposition l'a appelée une honorable profession de foi, ou bien une simple étourderie de jeunes gens.

L'opposition a reproché au gouvernement d'avoir compromis l'Italie en ne lui portant pas secours : sur quoi est-ce fondé ?

Des peuples se sont soulevés, était-ce bien de leur plein gré ? étaient-ils bien résolus de vaincre ou mourir pour la liberté ? un peuple qui se révolte doit-il toujours compter sur l'assistance étrangère ? « Mais ceux-ci avaient reçu des promesses de secours. » S'il y a eu des promesses, qui a promis ? le roi a-t-il juré à l'Hôtel-de-Ville de secourir tous ceux qui se mettraient en révolution ? était-ce encore un des articles du programme ? Mais si tout se fait à Paris, si c'est à Paris qu'on a commandé les insurrections de Modène et de Plaisance, si des notabilités libérales ont donné des espérances aux insurgés, la France devait-elle en répondre ? était-elle pour rien dans toutes ces promesses faites au hasard et sans mission par quelques-uns qui se disent toujours la majorité * ?

La France doit-elle toujours et à toute heure prendre fait et cause pour chaque manifeste élaboré avec peine, on ne sait par qui, dans quelque bureau obscur de quelque société soi-disant populaire, et puis lancé comme un brandon de discorde au milieu des peuples qui ont le malheur d'avoir de si imprudens amis.

L'opposition parle toujours contre le budget, et

* Accepter une guerre contre l'Autriche, c'est-à-dire contre l'Europe, pour deux provinces. Jouer la liberté du monde pour la liberté de quelques cités italiennes !

elle pousse aux dépenses de l'État ; elle demande que le fardeau des contribuables soit allégé, et elle ajoute sans cesse au fardeau quand il s'agit de donner à ses amis politiques, et puis il faut voter des traitemens pour tous les grades conférés dans les cent jours, puis des indemnités pour les condamnés politiques sous la restauration, peut-être même pour tous les fonctionnaires déplacés, puis pour les réfugiés de tous pays.

C'est-à-dire que l'opposition voudrait le budget sans octroi et sans contributions, l'impôt sans l'impôt, la guerre sans la guerre, une armée sans être obligé de la payer.

L'opposition, pleine de sollicitude pour le peuple, a fait de beaux discours sur le peuple, et dans cette profusion de déclamations il n'y a pas une vue lumineuse, pas une mesure capable d'alléger le sort du peuple.

L'opposition a demandé des travaux pour ces ouvriers qui veulent vivre en travaillant et mourir en travaillant. On a ouvert des ateliers, ils sont restés vides ; on a inventé des travaux, personne n'a voulu travailler *; et quand ces ouvriers ont osé

* « Des ateliers furent ouverts et les plus déplorables résultats ne tardèrent pas à se manifester. Ces travaux ainsi ordonnés, exécutés dans des ateliers publics, ne présentèrent plus que l'aspect de la fainéantise ; les ouvriers qui arrivaient n'étant plus surveillés, s'abandonnaient à des distractions, jouaient aux cartes, et puis les fraudes et les corruptions vinrent bientôt envahir les ateliers. » (Discours de M. Odilon-Barrot, 18 octobre 1831, Chambre des députés.)

faire des émeutes, l'opposition les a loués et s'est mise à leur tête.

L'opposition a approuvé les massacres de Varsovie; et lorsque les amis sincères de la liberté déploraient le malheur de cette admirable nation d'avoir été poussée à de si grands excès, l'opposition n'y a trouvé rien à blâmer; elle a appelé les horreurs du 15 août du nom de *nécessités* politiques.

Et puis, lorsque la Pologne a succombé digne d'un meilleur, l'opposition, dans sa fureur, a voulu s'en prendre au roi, au ministère et à tout le monde, elle a fait des émeutes, et les patriotes, courant les rues, criaient: *Vive la Pologne!* quand la Pologne était morte; et les brouillons brisaient les réverbères, forçaient les postes, faisaient des barricades, tout cela pour la Pologne qui avait péri! Mais si la Pologne a péri, à qui donc la faute? et qui pourra dire si ce ne sont pas encore les manœuvres de l'opposition qui ont causé la ruine des braves de Varsovie? qui pourra dire si ce ne sont pas les conseils furibonds des propagandistes * qui ont porté un peuple généreux aux déplorables excès du 15 août, première cause de tant de malheurs? car, dès-lors, les bons se retirèrent, il n'y eut plus d'unité, et l'anarchie est un principe de mort. D'insensés démagogues poussèrent au déses-

* « Nous voulons propager la liberté et non les révolutions. Rien ne se ressemble moins que le spectacle d'un pays en révolution et celui d'un pays libre. » (Discours de M. Guizot, 15 janvier 1831, Chambre des députés.)

poir une multitude aigrie par l'assemblage de tous les fléaux, et les clubistes de Paris soufflaient le feu de la discorde, appelant Clopicki un homme du *juste-milieu* et pusillanisme, Skrzinecki un traître, Csatoriski un ambitieux.

L'opposition accueille avec transport la proposition sur le bannissement à perpétuité de la famille des Bourbons, et lorsqu'on veut appliquer la même loi aux membres de la famille de Napoléon, cela blesse le cœur des patriotes, et puis ils font l'apologie du régime impérial: rien n'est plus touchant que les regrets et les douleurs de tous les amis de la liberté sur le sort de celui qui fit tant de choses pour la liberté.

L'opposition a montré de l'indignation à cause des croix distribueés aux soldats lors des troubles de Lyon, et l'opposition a soutenu qu'il y avait certaines décorations dont la cause n'était jamais honorable *; mais les soldats de Lyon se défendant contre les ouvriers qui les avaient attaqués ont-ils moins mérité que les décorés de juillet attaquant les gardes royaux, et les soldats de Lyon combattaient-ils moins en novembre 1831 pour les lois que les décorés de juillet en 1830 ?

Si l'on trouve que ce ne sera jamais un titre d'honneur pour les soldats de Lyon de s'être défendus

* « Ce n'est pas quand des Français périssent dans des dissensions civiles, qu'un Français doit dire : C'est à cette occasion que j'ai décoré ma boutonnière. » (M. Mauguin, 1er février 1832, Chambre des députés.)

contre les ouvriers plutôt que de de se laisser égorger par eux, sous prétexte que leurs adversaires étaient Français, on demande à l'opposition si les gardes royaux contre qui se sont battus les décorés de juillet étaient des Prussiens ou des Russes.

L'opposition attend avec impatience le résultat du bill de réforme en Angleterre; elle désire ardemment que le bill soit rejeté, car, s'il est rejeté, une révolution radicale doit s'en suivre en Angleterre et nécessairement en France; l'opposition l'a dit; et c'est là-dessus que ces messieurs fondent leur espoir, les uns pour la république, les autres pour Henri V ou Napoléon II, et ces gens-là aiment tous leur pays!

L'opposition n'a cessé de se moquer des saint-simoniens et de Saint-Simon, parodiant leur doctrine de mille manières, jusqu'au jour où l'autorité s'est avisée de trouver ridicules les prédications de la nouvelle église.

Les saint-simoniens, dont on ne s'occupait guère*, ont été ravis de ce qu'on leur faisait les honneurs du martyre; ils ont remercié le pouvoir qui leur donnait l'immortalité. L'opposition seule s'est indignée, parce qu'on empêchait de fort honnêtes gens de parler en public contre l'hérédité des familles, et, pour le partage des biens, de soulever

* « Malgré le petit fait qu'on a signalé de je ne sais quelle secte qui s'agite dans un coin de la capitale, la propriété n'est pas menacée. » (Discours de M. Odilon-Barrot à la Chambre, 8 octobre 1831.)

les prolétaires contre les propriétaires, c'est-à-dire ceux qui n'ont rien contre ceux qui ont, et de développer tous les avantages de la communauté des femmes *.

L'opposition avait juré la mort de l'hérédité de la pairie, appelant l'hérédité un privilége; l'opposition est parvenue à tuer l'hérédité.

Mais il reste encore bien d'autres priviléges** : le privilége de capacité, le privilége de député, le privilége d'électeur, le privilége de la propriété, le privilége de l'hérédité des familles, celui de notaire, celui d'avoué, etc. L'opposition a-t-elle aussi juré de détruire tout cela?

* « Devant la conception saint-simonienne disparaît la discipline de réserve, de chasteté, de pudeur, d'éternité des liens individuels. La mobilité, l'instabilité, l'inconstance, sont des modes de la vie tout aussi divins que l'immobilité, la stabilité, la constance : donc les mariages *temporaires* et fondés sur les affections *passagères* sont tout aussi *légitimes* et saints que les mariages permanens. (*Discussions morales*, janvier 1832, pages 5 et 6.)

** Pour ne pas effaroucher les esprits rigides, certains hommes de l'opposition ont cru adoucir le principe du privilége en substituant au mot privilége le mot *inégalité*. (M. O. Barrot.) Ainsi il est bien entendu qu'il ne faut plus de privilége, mais qu'il y aura toujours des inégalités. Or, bien que les termes soient changés, ceux qui ne peuvent jamais se placer à la hauteur des inégalités seront-ils plus heureux que ceux qui, aujourd'hui, ont tant à se plaindre des priviléges. On aura beau faire, il restera toujours l'inégalité de fortune, l'inégalité d'intelligence, etc. : donc c'est disputer sur les mots.

L'opposition avait mis pour condition à la députation la ruine de l'hérédité; mais quand les députés sont arrivés à la Chambre, ils se sont aperçus qu'ils avaient peu approfondi la question et ne savaient guère ce dont il s'agissait. Toutefois, ils furent fidèles à leurs sermens; mais comme ils sentaient toute la responsabilité qui allait peser sur eux, en déposant leurs boules noires, on dit que la main tremblait à quelques-uns.

L'opposition a reproché au ministère actuel son système financier. Le ministère a prouvé qu'il n'avait fait que continuer* le système d'un ex-ministre aujourd'hui de l'opposition : donc l'opposition s'oppose à elle-même.

L'opposition a voulu parler finances, elle a parlé politique; l'opposition a déclaré absurdes tous les systèmes financiers présentés par le ministère: mais quand on a demandé à l'opposition de présenter un système raisonnable en finances, elle a divagué, sortant toujours de la question. Ainsi, à propos d'un impôt de quotité, elle s'est jetée sur les élections, et sur la guerre, et sur la politique extérieure. Le fait est que l'opposition est fort ignorante en finances; elle le sait bien, elle l'a avoué**; mais alors pourquoi parler finances? quel cas faut-il faire de ce qu'elle dit? et quand donc l'op-

* « Nos plans financiers sont conformes à ceux que l'expérience de notre prédécesseur a adoptés » : (M. Casimir-Périer, Chambre des députés, 20 janvier 1832, en réponse à M. Laffitte.)

** 27 janvier 1832.

position ne parle-t-elle que de ce qu'elle sait? car elle n'avoue pas toujours son ignorance.

Lors des dernières élections, l'opposition croyait avoir la majorité dans la Chambre* : il n'est sorte d'éloges qu'elle n'ait donnés à la nouvelle Chambre, l'appelant la Chambre légitime, la Chambre représentant la France, la Chambre *modèle*, etc.

Et quand elle s'est aperçue que la majorité n'était pas de l'opposition, elle a crié contre cette Chambre, l'appelant Chambre illégale nommée par une mauvaise loi d'élection, Chambre déplorable, Chambre manquée; et cette Chambre n'a pas trouvé grâce auprès de l'opposition, bien qu'elle eût prononcé l'arrêt de mort de l'hérédité de la pairie uniquement pour se faire bien venir de l'opposition.

L'opposition a reproché au pouvoir d'avoir mis la main aux élections, en faisant des circulaires aux préfets. Mais qu'a donc fait l'opposition ? elle a fait des circulaires et des mémoires, des notices et des pamphlets; elle a employé la calomnie, elle a organisé des comités-directeurs et des clubs, elle a imposé des conditions aux députés, qui sont venus à la Chambre chargés de mandats impératifs** : tout cela au nom de la liberté.

* C'est en effet quelque chose de curieux que l'opinion variable de l'opposition flottant dans une alternative continuelle pendant le vote affirmatif de la Chambre, tantôt pour M. Dupont, tantôt pour M. Delessert.

** L'Assemblée constituante a toujours repoussé le prin-

Et quand l'opposition, tombant de lassitude et fatiguée d'elle-même, ennuyée de voir que personne ne l'écoute plus, s'arrête et fait halte un moment, elle attribue la cause de ce temps d'arrêt au dégoût profond que lui donnent les hommes du pouvoir. Tout ce qui se fait et tout ce qui ne se fait pas, tout le mal épouvantable que l'opposition découvre autour d'elle, elle en accuse les hommes du pouvoir. Si un maire donne sa démission, si un préfet ne se rend pas à son poste, si les gardes nationaux ne vont pas à l'exercice, les électeurs aux élections; si les députés demandent des congés, la faute en est aux hommes du pouvoir. Autant vaudrait Villèle, autant vaudrait Polignac *.

Donc l'opposition est sans conviction et sans conscience, donc il ne faut pas faire grand cas de tout ce qu'elle dit. Il faut, au contraire, mépriser ses haines comme ses amours; elle ne désire rien, n'espère rien que le scandale, et le scandale est l'unique but de tant de déclamations.

Et, après tout, ce rôle est-il bien difficile, aujourd'hui que tous les moyens sont bons pour se faire une popularité quelconque?

Le moindre petit fait qui a pu déplaire à un

cipe des mandats impératifs, se fondant sur ce qu'ils rendent toute discussion impossible quand un député vient à la Chambre avec des opinions toutes faites, tandis qu'au contraire ses opinions, ses votes, doivent être, en général, subordonnés aux exigences du temps et des circonstances.

* *National*, 28 octobre 1831.

partisan de l'opposition est bientôt grossi, et amplifié de mille faits accessoires tout aussi vrais que le fait principal.

Si quelque écervelé coureur d'émeutes se trouve heurté dans la foule, s'il est mal mené par les bourgeois amis de l'ordre, il crie au meurtre, à l'assassinat; c'est le pouvoir qu'il accuse, comme si le pouvoir avait à répondre des actes de citoyens qui ne dépendent pas de lui. Et le lendemain cinq journaux déplorent, dans de longues colonnes, toutes remplies de mensonges et d'absurdités, les outrages dont on accable un martyr de la liberté. Plaignez-vous donc aux bourgeois que la loi charge du soin de faire la police, loi que vous avez tant aimée en 1830! Plaignez vous aux boutiquiers dont le commerce est ruiné par vos hurlemens et vos saturnales, et qui, à chaque moment, vous maudissent, vous et votre beau zèle pour la liberté.

Le plus mince préfet qui prétend avoir à se plaindre du pouvoir est devenu un grand homme en un jour. L'opposition accueille avec empressement ses doléances; il nous faut supporter et ses factums et ses mémoires, et ses notes et ses protestations.

Eh! que nous importe tout cela, nous qui voulons le bien de la France, et qui faisons peu de cas du triomphe de tel ou tel ambitieux qui caresse et flatte le peuple, comme il aurait flatté le pouvoir d'une autre époque; car, pour certains hommes, il n'y a guère que l'objet de changé; ils sont flatteurs de rois, ou flatteurs de populace *.

Que gagnons-nous donc à tout cela, nous peuple, qui payons toujours et pour tout le monde, pour la république, pour l'empire, pour la restauration, et qui souffrons toujours à chaque nouveau régime qu'on nous annonce comme le meilleur?

Le sort du peuple est-il amélioré par cette profusion de discours et de professions de foi à propos d'une phrase ou d'un soi-disant programme. Programme obscur et ignoré, si tant est qu'il y eut un programme, que personne n'a lu ni entendu lire; oublié dans un coin, le 9 août, quand le peuple s'occupait de faire un roi; ramassé depuis dans la poussière et mis à l'ordre du jour, par quelques hommes aussi ignorés que le programme en 1830, qui ne disaient mot en 1830, qui ne diraient mot aujourd'hui si leurs petites personnalités n'eussent été quelque peu froissées, et leurs espérances déçues;

* Tel dont on n'a pas voulu pour sous-préfet, ni pour magistrat, même pour *accusateur public*, insulte aujourd'hui le pouvoir, dont il aurait servi les doctrines *monstrueuses*, si le pouvoir eût employé son zèle.

Tel qui remplit les journaux, chaque matin, de rimes toutes imprégnées du plus pur radicalisme en 1831, n'avait pas honte, à une autre époque, de prostituer sa muse alors fleurdelysée et de brûler un encens tout monarchique, devant le berceau du royal enfant, fils de saint Louis.

qui, voulant sortir de l'obscurité à toute force, prétendent imposer à la France, je ne sais quoi dont personne ne veut, hors-d'œuvre rejeté de tout le monde, comme malfaisant, arrangé, replâtré, ressassé il y à quarante ans, et qu'ils nous donnent aujourd'hui pour le programme de l'Hôtel-de-Ville.

Et que de temps perdu à épiloguer sur des riens! Quoi de plus misérable que cette susceptibilité, qui fait, pour si peu de chose, interrompre les questions les plus sérieuses! Il nous faudra créer des expressions nouvelles; il faudra faire un dictionnaire politique* dont on exclura certains termes, comme au bon temps de 93, où on ne voulait plus de *saints* ni plus de *de*. Quel délire! et qu'on nous parle des progrès de la liberté! Sommes-nous des hommes ou des enfans? est-ce pour de semblables puérilités que nous avons fait la révolution de 1830? avons-nous combattu pour de telles inepties, qui font rire de pitié nos voisins d'Angleterre? et ils croient pourtant aimer la liberté, pour le moins autant que nous! Il faut en convenir, l'opposition est tombée aujourd'hui bien bas, pour en être réduite à ce point d'épier la moindre occasion de faire du scandale; car c'est là tout ce qu'elle veut; l'amour du bien et du juste n'est pour rien dans toutes ses clameurs.

* Lisez la protestation du 5 janvier 1832, commençant par ces mots : Les membres de la Chambre qui ont assisté avec douleur, etc.

Si on comparait l'opposition de 1830 à celle de 1831, de quel côté serait l'avantage? de quel côté serait la raison? En 1830, tous les talens, toutes les réputations, députés, pairs, littérateurs, étaient opposans; car ils parlaient au nom de la vérité, et leur attitude était fière et pleine de noblesse. Que voit-on aujourd'hui? d'un côté, tous ces hommes de l'opposition de 1830 soutenant encore le pouvoir qu'ils ont établi de tous leurs talens et de toute leur conscience, fidèles à leurs principes; car c'est pour avoir ce que nous avons qu'ils ont risqué leurs fortunes et leurs vies. Au contraire, dans les rangs de l'opposition actuelle, excepté quelques chefs qui ne sont pas sans ambition, et des jeunes gens encore sur les bancs de l'école, tout le reste, faible, obscur, agissant dans l'ombre et par des moyens indignes de toute cause juste et fondée sur la raison.

Mais si quelque chose est fait pour dégoûter de l'opposition telle qu'elle est aujourd'hui, c'est la réunion et l'accord des opinions les plus exagérées contre l'ordre actuel, accord monstrueux, union vraiment hideuse.

On voit aujourd'hui les représentans de tous les partis, les ultras de toutes les opinions, rassembler tout leur courroux contre un système dont le grand crime est d'être modéré, c'est-à-dire de vouloir l'ordre et la justice.

La Révolution et *la Gazette*, *la Tribune* et *la Quotidienne*, disent ensemble les mêmes choses. A les voir se soutenir mutuellement, répéter avec complaisance les phrases qu'elles s'empruntent l'une à l'autre, on est émerveillé d'une union si fraternelle; et, au fond quels élémens hétérogènes et qui se repoussent également!

Triste effet de l'aveuglement des partis! Un seul rédacteur pourrait suffire aujourd'hui pour quatre ou cinq journaux, tant il y a d'ensemble et d'harmonie en apparence dans les opinions les plus exagérées et les plus contraires : ils parlent tous également de droits du peuple, d'assemblées primaires, de suffrage universel, etc.

L'opposition se fait tour à tour carliste, républicaine, bonapartiste, saint-simonienne, amie du peuple *; elle prend tous les tons et toutes les formes; tout est falsifié par elle et dénaturé; par elle le bien se change en mal; c'est une harpie qui gâte et salit tout ce qu'elle touche. Le mal est, au contraire, élevé par elle au rang des choses bonnes et dignes de notre admiration.

Eh! n'avons-nous pas vu des journaux faire un pompeux éloge de la belle conduite des ouvriers de Lyon pendant les derniers troubles? On les a vantés de ce qu'ils n'ont pas fait tout le mal qu'ils pouvaient faire; on les a remerciés de n'avoir pas fait davantage; on les a fort admirés de ce qu'ils se sont arrêtés au

* «Ils tiennent la France dans l'état révolutionnaire, faisant des appels à la force, mettant en question, non pas de vagues théories, mais les bases de la société, la propriété et l'existence de tous les citoyens.» (M. Salverte, 25 sept. 1830.)

milieu du carnage et de l'incendie; on a battu des mains en voyant une apparence d'ordre au sein du désordre *. Belle conduite, en vérité! mettre le feu à la maison, et puis faire semblant de vouloir l'éteindre: cela mérite de grands éloges. Les insurgés de Lyon, méconnaissant les lois, ont été comparés aux hommes courageux de juillet prenant les armes pour la défense des lois; l'illégalité a été mise en face de la légalité, une coupable révolte à côté d'une révolution juste et nécessaire alors que le pacte social avait été rompu.

Il n'est rien de plus honteux que ce langage des journaux approuvant de pareilles scènes de désordres, au lieu d'être profondément affligés d'un mal si grave, et dont les conséquences peuvent être si funestes, non plus à telle ou telle combinaison politique, mais à l'ordre social tout entier. Il faut le dire, des hommes qui ont pu écrire de telles infamies et ceux qui ont pu les approuver sont plus ennemis de la France que ceux qui conspirent à Holy-Rood.

Eh bien! pendant ces jours de deuil, l'opposition était riante, regrettant peut-être que le mal n'eût pas été plus grand, et puis, avec sa bonne foi ordinaire, elle s'en prenait encore au pouvoir, qu'elle taxait d'imprévoyance et d'ineptie, précisément parce qu'il n'a pas voulu employer la violence

* Admirez la modération des ouvriers: ils ont dévasté, mais ils n'ont pas pillé; ils ont saccagé, mais ils n'ont point volé!

dans cette affaire malheureuse, et heurter les opinions de la multitude égarée. On a fait alors un crime au pouvoir de sa modération ; et qu'aurait-on dit s'il eût fait le contraire, s'il eût brisé un tarif qui faisait tout le mal, s'il eût eu recours à la force pour faire respecter la justice ? car il en avait le droit ; on n'aurait pas manqué de crier à l'arbitraire, et les ardens défenseurs de la liberté auraient peut-être dressé un acte d'accusation contre un ministère odieux qui conspire aussi contre la France.

Comment ne pas s'indigner de cette marche systématique de l'opposition préparée d'avance à tout dénaturer dans le but de faire le mal ?

La même chose est arrivée lors de la création de pairs par Louis-Philippe. Il y eut alors un cri universel contre une telle violation de la Charte ; on ne trouvait pas de termes assez énergiques, d'expressions assez véhémentes pour le désapprouver.

Où donc était cette violation ? Une loi sur la pairie faite par la Chambre des députés était portée à la Chambre des pairs : le roi, craignant que cette loi ne fût rejetée par la Chambre des pairs, créa de nouveaux pairs pour la faire passer, et aussitôt on attaque cette mesure comme inconstitutionnelle, on compare cette nomination aux fournées de Charles X, etc.

Mais, où était la ressemblance ? n'était-ce pas pour soutenir une loi constitutionnelle que le roi a pris cette mesure que vous déclarez inconstitutionnelle ?

Or, examinez dans quel but il l'a fait, et, si inconstitutionnelle qu'elle soit, l'intention doit la faire excuser; car, encore une fois, ces pairs n'ont été nommés que pour faire passer une loi toute constitutionnelle, puisqu'elle émanait de la Chambre des députés.

L'opposition a soutenu que la révision projetée de l'art. 23 de la Charte suspendait le droit de nommer des pairs : or, la conséquence du système de l'opposition était que le gouvermement représentatif de la France a pu être suspendu avec l'article 23; car s'il se fût trouvé une majorité factieuse dans la Chambre des pairs et qu'il eût fallu la briser, l'article 23, non encore revisé, étant suspensif du droit de nommer des pairs, le roi n'aurait pu briser cette majorité factieuse : donc le gouvernement représentif se trouvait ainsi suspendu, puisqu'il y manquait un des trois pouvoirs.

Et si le roi n'eût pas nommé ces pairs, on l'aurait encore trouvé mauvais; on aurait dit : « Louis-Philippe tenait à l'hérédité de la pairie; il n'était pas fâché que la loi contre l'hérédité fût rejetée par la Chambre des pairs, il n'a rien fait pour la faire passer. »

Qui ne voit, à travers tout cela, la pensée de l'opposition? Elle ne voulait rien moins que le désordre, et toujours le désordre; elle voulait que la Chambre des pairs refusât, pour avoir occasion de se ruer sur elle, afin d'en finir une bonne fois avec cette Chambre impopulaire, malgré les services qu'elle a plus d'une fois rendus à la liberté.

Mais l'opposition a vu encore échouer ses projets, et la France est restée calme; car la France a besoin de repos; et les bons citoyens s'indignent chaque jour de voir la société toublée et tiraillée de mille manières par des fous ou des méchans, qui veulent arriver par l'anarchie à un état de chose odieux pour tout Français qui aime son pays.

Et quelle autorité est aujourd'hui respectée? quel pouvoir est à l'abri des outrages d'une poignée de frénétiques hurlant contre les lois? Des hommes que le jury a trop souvent épargnés insultent la magistrature en plein tribunal! et ils trouvent un auditoire pour les applaudir! Certes, pour absoudre de tels énergumènes, les jurés ont fait preuve d'une grande faiblesse. Il est vrai qu'au temps où nous vivons, il est peut-être prudent de toujours acquitter; car il y a des journaux qui désigneront aux anarchistes les noms et la demeure des citoyens qui auront été juges dans les affaires politiques, et dont les jugemens pourront déplaire à quelques-uns *.

A voir ce qui se passe tous les jours sous nos yeux, il est à craindre que nous ne soyons encore trop petits pour cette grande institution du jury en matière politique. Qu'espérer, en effet, d'un peuple qui ne respecte pas les lois, même dans le sanctuaire des lois? Il y a dans tout cela de quoi

* Et ils l'ont déjà fait.

décourager ceux qui ont le plus de foi au progrès de l'esprit humain.

Eh bien! à les entendre, tous ces faiseurs de systèmes et de théories si belles et si utiles, ces charlatans inventeurs de remèdes et de baumes pour ce pauvre peuple, à les entendre, ils travaillent tous au bien-être du corps social.

A aucune époque, en effet, on n'a autant parlé qu'aujourd'hui de vices inhérens à l'État, d'abus intolérables à corriger, de souffrances du peuple; à aucune époque on n'a autant présenté de recettes pour remédier aux plaies innombrables de la société. Il y a du vrai dans tout cela; mais tout est-il bien vrai, et n'a-t-on pas beaucoup exagéré le mal? Je veux bien croire que parmi ceux qui ont tant à cœur le bien-être du peuple, il y en ait de bonne foi; mais ne se trouve-il pas aussi des médecins intéressés, et qui ne parlent sans cesse au peuple de ses souffrances que dans l'espoir d'être chargés par lui du soin de le guérir? et même ne s'en rencontre-t-il pas quelques-uns capables de faire comme ce médecin qui blessait les passans pour avoir occasion ensuite de leur porter du secours?

En vérité, l'opposition ne fait-elle pas la même chose tous les jours? n'y a-t-il pas beaucoup d'hypocrisie dans ses complaintes? beaucoup de perfidie et de fausseté dans ses homélies sur les misères du peuple? Est-ce donc un bon moyen d'adoucir son sort que de lui remettre continuellement sous les yeux l'état de ses souffrances *? n'est-ce pas plutôt envenimer le mal sans le corriger?

Que veulent ces hommes qui se disent amis du peuple et dont toute l'occupation quotidienne est de l'endoctriner par des leçons erronnées et mensongères? Ne sont-ils pas les plus grands ennemis du peuple dont ils mendient les suffrages; car ils n'ont pas honte d'abuser de l'ignorance et de la simplicité d'ouvriers crédules, dont ils faussent l'esprit par des théories auxquelles ils ne croient pas eux-mêmes. Ils ont des chaires et des journaux pour débiter leurs marchandises empoisonnées, et quand l'autorité veut mettre la main sur toutes ces drogues nuisibles à la société, l'opposition dénonce à l'opinion les actes d'un pouvoir arbitraire et toujours opposé aux intérêts du peuple.

Et on se dit voulant le bien public, et c'est au nom du bien public qu'on désorganise la société.

Républicains, carlistes, religionnaires de toutes sectes (et ce ne sont pas les prophètes qui ont manqué à notre époque) tous ne sont occupés qu'à démolir chaque jour et à tour de bras.

A voir ces travailleurs si affairés, depuis les amis du peuple jusqu'aux saints-simoniens, autres démolisseurs avec la prétention de bâtir, on se rappelle

* Le peuple souffre, dites-vous, et vous faites des discours! Le peuple souffre et vous vous occupez de phraséologie! Le peuple demande du pain, et vous lui jetez des paroles de commisération ou d'éloges! . . . .

ce temps où les hommes de la bande noire abattaient à l'envi églises et châteaux, sans pitié pour les souvenirs ni pour les ouvrages d'arts ; ils se vantaient aussi de faire une bonne œuvre pour la société, en remettant, disaient-ils, dans la circulation des choses devenues improductives et sans rapport ; et les ruines étaient là pour témoigner de leur travail.

Mais il est temps aujourd'hui de reconstruire, il est temps que tous ceux qui tiennent à quelque chose réunissent leurs efforts contre les niveleurs impitoyables qui tous méditent dans leur sagesse la grande œuvre de la régénération sociale, c'est-à-dire qu'ils veulent nous ramener au chaos préalablement, sauf à revenir plus tard à un ordre quelconque, si le ciel le permet *.

Tous ces gens-là ne cessent de répéter que la révolution de 1830 a manqué son but, que cette révolution n'était pas seulement une révolution politique, mais sociale, qu'enfin cette révolution n'était autre chose que la guerre à mort du présent avec le passé.

Mais quel passé ? pourrait-on leur répondre : il y a eu le passé de 89, il y a eu le passé de l'empire, le passé de la restauration : celui de 89 a fini par les comités de salut public et par les échafauds, celui de l'empire par l'invasion. Or, le passé de la

* « Peut-être quelque accident imprévu, quelque secret de Dieu viendrait-il tout arranger. » (Chateaubriand, *de la Monarchie élective.*)

restauration est-il aujourd'hui si loin de nous que nous ayons déjà perdu le souvenir, et de la Charte de 1814 *, toute imparfaite qu'elle a pu être, et des améliorations apportées aux lois et à l'administration de la justice en France, et de ces quinze années de paix qui ont servi à calmer nos douleurs et à effacer les traces de l'invasion; et ne s'est-il rien trouvé de supportable dans cette dernière période pour l'assimiler au temps qui a précédé et amené 89?

La situation de la France, en 1830, avait-elle donc la moindre ressemblance avec la situation de la France à l'époque de 89? Lorsqu'on disait, en 89, guerre au passé, cela voulait dire guerre à la féodalité, bien qu'elle ne fût plus alors que l'ombre d'elle-même; guerre à l'aristocratie de la noblesse, guerre à l'aristocratie du sacerdoce, et ce cri était répété d'un bout de la France à l'autre, et tous voulaient la même chose, tant le passé avait été coupable, tant il y avait de griefs et de crimes à lui reprocher, et tous étaient d'avis qu'il était juste et nécessaire de le frapper de mort, pour élever sur ses débris un avenir de progrès et de liberté.

Mais, en 1830, c'est-à-dire au temps où il ne res-

* Lors de la rédaction d'une déclaration de la Chambre à l'époque de juillet 1830, M. Salverte a pensé que la déclaration de la Chambre de 1814 serait un texte suffisant auquel on ne devrait apporter que de légères modifications. (*Moniteur*, 1er août 1831.)

tait plus rien de tous ces corps brisés et réduits en poussière le jour de la chute de la Bastille, au temps où il n'y avait plus ni seigneurs, ni nobles, ni sacerdoce, à peine une religion, devait-on flétrir ces quinze années sans faire grâce à une seule, sous prétexte de corriger des abus assez graves, on peut le dire, mais pas assez pour bouleverser toute une société?

L'erreur vient de ce qu'on veut voir à toute force une révolution sociale dans une révolution qui n'a été que politique. Le christianisme et l'islanisme, la réforme au XVIe siècle et les États-Généraux en 89, ont été des révolutions sociales; mais les révolutions qui ont mis sur le trône de France les Carlovingiens et les Capétiens, les changemens de dynastie qui nous ont donné l'empire et la restauration sont des révolutions politiques. Et, au bout du compte, si l'égalité sociale et la liberté existaient de fait en France avant le mois de juillet 1830, et on ne le niera pas, on est fondé à dire que la révolution de 1830, qui n'a eu d'autre objet que de consolider tout cela, n'était point une révolution sociale: donc il n'était pas besoin de disloquer le corps social dans le but de le reconstruire, et de bouleverser un État dans l'attente d'un meilleur ordre de choses pour un temps à venir.

Un des griefs reprochés le plus communément par les niveleurs au gouvernement né de juillet, c'est d'avoir comprimé l'enthousiasme après 1830.

Pour réfuter cette objection, il suffit de jeter

les yeux sur l'état de la société de 1830. Avec un peu d'observation on sera convaincu qu'au contraire, c'est une société toute d'égoïsme et d'insouciance, cherchant par-dessus tout le bien-être et le bien-vivre, et peu amoureuse de guerres et de victoires, de prosélytisme et de propagande, souhaitant la liberté aux autres nations, mais sans dévoûment de sa part, et nullement portée à faire de sacrifices, ne voulant le bien des autres que par calcul, afin d'être assurée de ne pas être un jour gênée dans sa liberté, donnant des bals et des concerts pour les Grecs et pour les Polonais, dont elle ne se souciait guère, si ce n'eût été pour elle une affaire de plaisir ou d'amour-propre.

Et quand on vient dire que le gouvernement de 1830 a étouffé l'enthousiasme, s'il l'a fait, il n'a pas eu grand'peine, car il y a bien à rabattre de toutes ces belles phrases répétées chaque jour et à la tribune, et dans les journaux. La société de 1830 avait peu d'enthousiasme, bien différente de l'époque de 89, ou du moins on avait foi à quelque chose, à la république ou à la royauté.

Et d'ailleurs l'objection tombe d'elle-même lorsqu'on demande par quels moyens ce gouvernement a pu parvenir à comprimer l'enthousiasme de tout un peuple de 30 millions d'habitans. Où était donc la force du gouvernement d'alors et quelle était cette force? à une époque où son existence était si faible et si précaire. Avait-il donc à sa disposition les échafauds ou des armées?

A cette époque, c'était une opinion généralement répandue que le militaire n'était plus rien depuis le mois de juillet; la force était passée dans le peuple, qui en profitait pour faire des émeutes et qui n'avait guère d'enthousiasme que pour cela. Le militaire ne pouvait donc servir au gouvernement contre l'enthousiasme? Mais il y avait une autre force, c'était la garde nationale; on l'appelait la seule force publique, la seule force qui fût vraiment une force en France. Or cette force toute seule a soutenu le gouvernement d'alors : donc, comme la garde nationale est la bourgeoisie, c'est-à-dire le peuple, c'est-à-dire la société de 1830, comme elle a continuellement aidé le gouvermement qui voulait comprimer l'enthousiasme, si tant est que le gouvernement eût voulu cela, elle a voulu la même chose que lui, puisqu'elle y a prêté les mains; d'où il suit que ce n'est pas tel ou tel ministère qui a comprimé l'enthousiasme, mais la société de 1830 elle-même; d'où il suit, en dernier lieu, que cet enthousiasme était peu de chose.

C'est donc une des erreurs de l'opposition d'avoir cru ou feint de croire à l'enthousiasme en 1830 : elle a pris l'exception pour la généralité, une très-faible partie de la nation pour la majorité.

Sans doute il y a eu des héros, sans doute quelques âmes généreuses se sont dévouées pour la liberté, mais elles sont en petit nombre; le monde ne s'en occupe plus guère aujourd'hui, un siècle est déjà passé sur elles; elles seraient déjà même tout-à-fait oubliées si quelquefois et par hasard on ne rencontrait en son chemin quelques couronnes sur des tombeaux.

Non-seulement la France de 1830 avait peu d'enthousiasme, mais à aucune époque elle n'a eu moins d'enthousiasme: religion, arts, poésie, tout est mort en nos cœurs; c'est à peine si on a foi en soi-même; et à la place des croyances les plus respectables, on ne trouve plus que le doute, comme au dernier siècle, et la moquerie qui désenchante tous les amours. La question d'argent est aujourd'hui plus que jamais la question universelle : la preuve en est que l'aristocratie financière est la seule aristocratie du jour; elle a même absorbé toutes les autres, dont il ne reste plus que le nom. Deux ou trois banquiers font la paix ou la guerre : c'est un pouvoir nouveau qui s'est glissé dans les gouvernemens à l'insu des gouvernemens et quoi qu'ils fassent, et les gouvernemens le respectent et le ménagent, à peu près comme autrefois les rois et les empereurs se faisaient amis du pape, bien qu'il n'eût à sa disposition ni armées ni places fortes.

La société d'aujourd'hui est absorbée par les intérêts matériels. On ne parle plus aujourd'hui que de manufactures et de fabriques, d'industries et de produits industriels; mais il ne faut pas croire que le désir du progrès et de l'utile soit pour rien dans tout cela : le bien personnel est le seul but de tant d'énergie, de tant de mouvement, de tant de recherches, soit dans les arts, soit dans les sciences.

Et des hommes qui sont appelés à représenter la France, affectant une austérité républicaine, à ce qu'ils disent, et sous prétexte de proscrire le luxe qu'ils ne comprennent pas, au profit de l'utile qu'ils ne comprennent pas davantage, n'ont pas honte de dépouiller la France de ce qu'elle contient de précieux pour les souvenirs et pour les ouvrages d'art; parlant sans cesse de réformes et d'économies, ils veulent détruire le passé même dans ce qu'il peut avoir de beau. Ces hommes si matériels ont juré haine à ce qu'ils appellent superflu, et le luxe est pour eux la même chose*,

* Dans son acception la plus large, le luxe se compose d'une infinité d'élémens qui, sans être de première nécessité, ne sont pas moins indispensables à un grand peuple, à une société avancée en civilisation. Le luxe comprend le domaine des arts, et ce domaine est immense; le luxe comprend les statues, les tableaux, l'architecture, les livres, etc. Or, tout cela n'est-il pas utile, tout cela ne sert-il pas au développement d'une foule d'industries diverses, qui ne peuvent qu'être à l'avantage du pays, matériellement parlant? car toutes les industries ne peuvent pas s'appliquer aux mêmes objets, et les hommes ne peuvent pas s'occuper tous d'agriculture ou de fabrique, ou bâtir des maisons. D'autre part, si on considère le luxe dans ses rapports les plus intimes avec la société, on verra que le luxe s'unit à l'industrie, avec laquelle il se confond dans beaucoup de cas. Il est évident, par exemple, que le fabricant de Lyon qui fait des étoffes de soie est un industriel, bien que le produit de son industrie soit un objet de luxe (puisque, à la rigueur, un pays peut se passer de soierie), et la femme du riche, qui achète des étoffes de soie pour parures, fait un achat de luxe. Donc

et ils prétendent proscrire le luxe sous toutes ses formes, répétant jusqu'à satiété que c'est aujourd'hui le règne de l'industrie.

On dirait qu'une autre bande noire promène encore le niveau sur toute la France. Malheur aux châteaux et à tous les édifices qui ne sont pas ce qu'on appelle utiles; car, sous prétexte de les *utiliser*, on les décore du beau nom de nationalité*, et ils sont aussitôt morcelés, abattus, dénaturés, employés à des usages indignes de leur destination et indignes de la France!

Courage, messieurs! il reste encore Versailles : ne vous arrêtez pas, renversez ces tas de pierres ;

le luxe, chez une grande nation, n'est peut-être pas autre chose qu'une occasion, un moyen de plus de développer l'industrie. Or, si, grâce au luxe, il y a des millions d'industries possibles, pourquoi, par des mesures mesquines, vouloir en restreindre le nombre? En résumé, proscrire le luxe, c'est gêner l'industrie dans ses développemens, puisque le luxe, de sa nature, concourt à étendre le domaine de l'industrie. Les lois somptuaires n'ont jamais enrichi une nation, et quand Louis XIV et Napoléon avaient besoin d'argent, ils donnaient des fêtes, et les coffres de l'État étaient bientôt remplis.

Donc, ceux qui veulent proscrire le luxe au profit de l'industrie, comprennent aussi mal la question que ceux qui voudraient sacrifier l'industrie au luxe.

* « Je demande que le palais du Louvre soit détaché de la liste civile, et qu'il appartienne à la nation. De quel droit ferait-il partie de la dotation de la couronne? » (M. Salverte, 6 janvier 1832, Chambre des députés.)

ils serviront à construire des manufactures et des fabriques; détruisez ces jardins et ces bosquets, vendez ces statues et ces tableaux, tout cela est inutile et sans rapport; on pourra faire, en place, des bâtisses et des plantations beaucoup plus productives, et les habitans de Versailles, dont la vie est aujourd'hui si précaire et qui ne vivent plus aujourd'hui que de ces châteaux et de ces merveilles qu'ils montrent avec orgueil aux étrangers, vous remercieront d'avoir fait aussi pour eux une bonne œuvre, et d'avoir échangé ces châteaux et ces jardins pour des hangards et des plans de légumes.

Et il se trouve des esprits assez ennemis des arts pour approuver et défendre un système de ruine et de destruction, et ces gens-là croient comprendre l'utile! Ils font la guerre au luxe dans le passé comme dans le présent; car le luxe est pour eux le contraire de l'utile, et ils veulent tout sacrifier à l'utile.

Point de luxe, beaucoup d'industrie*; c'est en-

* Ce qui fait l'erreur de la plupart de ceux qui raisonnent sur l'industrie, c'est qu'ils séparent toujours l'industrie de son application. Ils considèrent toujours l'industrie en elle-même, et comme une abstraction; il ne voient pas les innombrables objets auxquels elle peut s'appliquer, et qui font la richesse des peuples. Dans beaucoup de circonstances, il est bien difficile de saisir la nuance qui sépare l'utile proprement dit de ce qu'on appelle luxe. Le luxe n'est donc pas l'ennemi de l'industrie, et, loin de nuire à l'industrie, le luxe la fait fleurir en s'ajoutant à elle.

core là une des redites éternelles de l'opposition.

L'opposition a fait de la question de luxe une question de gouvernement, et, en économie politique comme *en finances*, elle a montré qu'elle était fort ignorante; elle a prouvé combien sa vue est courte et ses idées étroites; elle, qui s'était déclarée l'amie du peuple et de la classe malheureuse des prolétaires, elle n'a pas vu qu'en déclamant contre le luxe, sous toutes les formes possibles, elle soutient un système dont les conséquences rigoureuses sont de réduire à la misère et au désespoir des milliers de familles* qui ne vivent que par le luxe *.

Et puis ces hommes si *enragés* d'économie, pourvu toutefois que leur système de réforme n'aille pas jusqu'à leurs revenus, ces hommes si lestés à disposer de la fortune des autres n'ont pas manqué de proposer des réductions et des réformes à l'infini, appelant tout cela du nom de nécessités financières.

Enfin la dotation de la couronne a été pour l'op-

* Et les ouvriers de Lyon ?

* Examinez ce qui se passe dans une grande ville comme Paris; voyez tous ces métiers, ces travaux en tout genre qui font vivre une population dont la classe aisée n'est qu'une faible partie. Le moindre objet d'art qui n'est pas indispensable à celui qui peut en payer la valeur fait vivre vingt familles. Le plus petit jouet denfant a passé par tant de mains avant d'arriver à la maison du riche qu'il a développé en son chemin plus d'industries que les objets nécessaires.

position une bonne fortune, une autre occasion de scandale.

On a bataillé, parlementé pour chacun des articles de la liste civile; c'était à qui viendrait *l'ébrécher* et l'amincir; on a voulu en réduire le chiffre à un taux si peu élevé que la dotation proposée par quelques-uns * pourrait être bien légère pour plus d'un petit prince de l'Europe. A voir tant de petitesses, à voir ces députés marchandant pour quelques pouces de terrain ou de pré, n'ayant pas honte de ravaler à ce point le trône de France, on aurait dit des juifs disputant sou à sou pour le prix de quelque vêtement qu'on jette à un pauvre par pitié. Pourquoi donc cette parcimonie indigne de nous et de notre roi?

Sommes-nous donc au temps des profusions et des folles dépenses, où il fallait payer et les maîtresses et la valetaille? au temps où le roi avait une table toujours dressée et permanente pour les prêtres et les mendians de toutes les conditions, où le budget tant convoité de la liste civile était pressé et dévoré par tant de gens toujours gorgés et toujours insatiables. Nous savons qu'à l'avenir l'or de la liste civile ne s'en ira pas en dépenses inutiles au pays; nous savons qu'il n'ira pas, du moins, se perdre au goufre des congrégations, ni s'enfouir dans les cloîtres; et puisque la liste civile n'est jamais votée que pour un règne,

* M. Salverte a proposé 6 millions, M. de Ludre a été jusqu'à 4 millions. (12 janvier 1832.)

nous savons, presque avec certitude, quel en sera l'emploi pendant ce règne qui commence.

Car nous avons un roi ami des arts à qui nous avons remis le soin de veiller à la conservation et à l'embellissement de nos musées* et de nos monu-

* C'eût été quelque chose de bien triste que le Louvre *nationalisé*, et les amis des arts n'ont pas été sans inquiétude en pensant que notre musée, arche sainte où sont déposés tant de trésors, pouvait être livré à la direction et à la merci d'un ministre de l'intérieur. Sans doute le ministre actuel est ami des arts; mais qui nous répondra des ministres futurs? Et s'il faut faire l'achat d'un tableau ou d'une statue de prix, quel sera le ministre assez fort, en admettant qu'il eût encore le sentiment du beau, pour en prendre sur lui la responsabilité, lorsqu'il devra subir le contrôle et l'estimation d'une Chambre, de sa nature, économe et visant au bon marché? Et il pourrait se rencontrer parmi les députés quelques-uns de ceux qui trouvaient tout simple de vendre, au plus offrant et en détail, Fontainebleau, Compiègne et Rambouillet, et qui voulaient transformer Versailles en hôpital.

« Mais, dit-on, les circonstances seront les mêmes en laissant le soin du musée au roi, car tous les princes n'ont pas le goût des arts. » Du moins, comme la liste civile est chargée de l'entretien des palais, c'est sur le prince que tombera toute la responsabilité. Et d'ailleurs, quel roi serait assez ennemi de lui-même et de l'honneur de sa couronne pour ne pas faire beaucoup pour ce qui est la gloire et l'ornement d'une nation! Charles X, bien qu'il fût absorbé par la chasse et les prêtres, trouva cependant moyen de faire quelque chose pour les arts, qu'il ne comprenait guère.

Mais, quoi que disent les *nationaux*, c'était un grand mal que d'abandonner le musée à l'ignorance ou au caprice des hommes d'affaires et des industriels, et d'exposer la question d'art à être mutilée par une majorité de trois ou quatre voix.

mens; il tient à cœur de faire faire des travaux, et surtout de terminer ces édifices inachevés depuis si long-temps, que les rois fainéans, ses prédécesseurs, laissaient dépérir: ce sera pour lui une gloire toute nationale, et la France n'aura pas à regretter quelques parcelles détachées de son riche budget et qui auront tourné au profit des arts et de l'industrie.

Ne craignons donc pas de donner un peu de relief et de splendeur au trône que nous avons élevé de nos mains; que les fleurons de la couronne de France ne brillent pas d'un moindre éclat que ceux des autres nations. Il serait peu convenable et peu digne d'un grand peuple de ne voir dans la dotation de la liste civile qu'une affaire d'argent, et de mettre aux enchères et au rabais cette royauté, notre ouvrage, autour de laquelle nous devons nous réunir et nous serrer, hors de laquelle «il n'est plus permis d'apercevoir dans l'avenir que des écueils et des abîmes *.»

Et quand donc s'arrêtera l'opposition et où s'arrêtera-t-elle? elle n'a pas même respecté le trône élevé de nos mains. Prenant toutes les couleurs, parlant tous les jargons, elle a voulu aussi flétrir et démonétiser une royauté jeune de quelques mois, et cela réjouissait le cœur des ennemis de cette royauté, qui la voit si petite et si mesquine, *n'ayant rien à demander, rien à donner***.

Non, la royauté de juillet n'est si *pauvrette**** ni si

* M. Casimir Périer.

** Chateaubriand, *de la Nouvelle proposition*. — *** *Idem*.

honteuse qu'elle se fasse faute de demander ce qu'il convient de donner au roi des Français. Si elle demande, c'est noblement et la tête haute ; elle n'est pas non plus si dénuée, si misérable et *les mains vides* *, qu'elle n'ait encore de quoi donner à ceux qui ont besoin, sans se faire généreuse des sueurs du peuple, comme la restauration donnant toujours, prenant toujours, en vertu du droit divin ; et si la révolution de juillet a rogné quelque chose du manteau royal, il est encore assez ample, et peut encore couvrir dignement un roi.

Non, le roi des barricades n'est pas un roi de rencontre, un roi qui s'est *trouvé roi* ** par hasard; la Liberté le gardait à la France, car elle se souvenait de l'avoir vu enfant combattre avec honneur pour elle, et, pendant les quinze années de la restauration, avec ses *inconvéniens* et ses *stupidités****, la France torturée par une légitimité incommode, a plus d'une fois tourné les yeux vers celui qui était pour elle une espérance****, et, quand sont venus les mauvais jours, la France lui a tendu les bras et l'a appelé son sauveur.

Non, la royauté de juillet n'est pas une royauté *bâclée******, et si le trône n'est pas resté vacant, c'est

* Chateaubriand, *de la Nouvelle Proposition*

** *Idem.*

*** *Idem.*

****C'est au duc d'Orléans que s'adressait Courrier dans ses pamphlets, M. Cauchois-Lemaire dans ses lettres politiques.

***** Lettre de M. de Cormenin, 31 août 1831.

qu'un roi populaire fut choisi par l'élan spontané de tous les citoyens ; la France n'eut besoin que de l'élever sur un pavois pour le montrer au peuple, sans perdre de temps à compter les votes.

Et si elle s'est hâtée de nommer ce roi, ce n'était pas pour *boucher le trou de la couronne* *, un tel roi n'était pas un *intrus*, mais la couronne s'est bien trouvée sur cette tête. Et si la royauté de juillet ne *cache pas son front*** dans les espaces imaginaires du droit divin, ses pieds sont appuyés sur une base plus solide que la *terre* même, sur les lois et l'amour du peuple.

Serons-nous donc toujours hostiles au pouvoir établi par cela seul qu'il est établi? ne pourrons-nous donc jamais rencontrer un gouvernement qui soit de notre goût? Prenons garde, peuple mobile et changeant, de rencontrer plus mal; ne perdons pas le souvenir des haines que nous gardent nos ennemis ; craignons, par nos troubles et nos dissensions, de les attirer encore dans nos riches provinces; nous serons braves, sans doute, mais ils seront aussi bien nombreux, et ils se sont déjà trop souvent repentis de leur prétendue clémence d'il y a quinze ans.

Si nous sommes unis, si la sagesse et la modération président à nos débats, alors la France, désormais inattaquable, sera l'asile inviolable et sacré où viendront se réfugier les martyrs de la liberté de

* Chateaubriand, *de la Nouvelle Proposition.*

** Lettre de M. de Cormenin.

tous pays; elle sera le foyer dont les rayons bienfaisans iront porter la vie et la lumière jusque chez les nations les plus courbées sous le despotisme, et nous aurons l'honneur d'avoir donné la liberté au monde; mais si nous sommes divisés, le despotisme, avec ses quinze cent mille esclaves, aura bon marché de nous, et si, par un malheur, l'Europe tentait encore de mettre la main sur les destinées de la France, l'opposition ne la sauverait pas; l'opposition, seule cause de tout le mal; l'opposition envieuse et incapable; répétant chaque jour qu'elle a des sympathies et des convictions, et n'aimant rien, ne croyant à rien, athée parlant de Dieu; critiquant le passé, le présent, l'avenir peut-être; se moquant même de ce qui est beau, avec *son vilain rire*; lâche et entonnant des refrains guerriers; se vantant d'avoir fait des barricades alors qu'elle se cachait pour reparaître avec les vainqueurs après la victoire*; pleurant sur la misère du peuple, et ne donnant jamais à ceux qui ont faim; se disant généreuse, sincère, libérale, et au fond hargneuse, fausse, égoïste, détruisant tout, bouleversant tout, soi-disant pour la liberté. Car, « O sainte liberté, que de crimes ne commet-on pas en ton nom! » (Mme Roland).

Et voilà enfin ce qu'a été l'opposition en 1831.

CONCLUSION.

Ces réflexions avaient pour but d'expliquer certaines choses de la révolution de juillet, d'éclaircir

* « Ils ont combattu sans vous et sans moi. » (Discours de M. Demarcay à la Chambre, le 25 septembre 1830).

certains faits, de constater l'état de la société depuis 1830, enfin de dénoncer aux esprits sages et aux amis de la vérité l'opposition de 1831, qui s'était mise à la place de l'opposition toute honorable qui a précédé les événemens de 1830.

L'opposition, avant 1830, avait été vertueuse, héroïque; celle de 1831 est injuste, sans conscience et sans générosité; son unique but est le scandale, c'est-à-dire le désordre; elle n'agit que par calcul; sa marche est systématique et dépourvue de franchise.

L'opposition de 1831 a complètement méconnu sa mission, qui était d'éclairer et d'instruire la société, sans pour cela y porter le trouble et la désorganisation. L'opposition de 1831, toujours furieuse et menaçante, a plus fait de mal à la cause de la liberté que l'opposition, avant 1830, ne lui avait fait de bien.

Ce qu'on appelle l'opposition de 1831 n'a de l'opposition que le nom : à vrai dire, c'est de l'hostilité, et pas autre chose; car, ce qu'on doit appeler opposition, la seule véritable opposition, c'est une critique juste, mesurée, sévère, mais sans acrimonie, des actes du gouvernement, se prenant aux choses et non aux hommes; son allure est noble et franche; elle veut le bien, et le veut, de quelque côté qu'il vienne; elle est nécessaire, car elle maintient l'équilibre entre tous les principes qui constituent un gouvernement; elle donne des avertissemens et des conseils, mais sans aigreur, et surtout sans avoir recours à la calomnie; elle est le contrôle apposé par la justice aux œuvres du pouvoir, le creuzet où viennent s'épurer les lois et les institutions qui devront régir la société; elle est enfin la raison suprême, la raison universelle, dont le flambeau dissipe les ténèbres et conduit à la découverte de la vérité. Or, dans l'opposition de 1831, trouve-t-on aucun de ces caractères?

L'opposition, avant 1830, avait rendu les plus grands services à la liberté, car elle voulait l'ordre et la justice, et sans cela il n'y a pas de liberté. L'opposition de 1831 ne peut qu'être nuisible, car elle prend l'anarchie pour la liberté. Et comment arriverait-elle à un ordre quelconque, puisqu'elle est l'assemblage de tous les élémens les plus hétérogènes, et par suite les plus désorganisateurs.

L'opposition, avant 1831, était dirigée par un amour sincère de la vérité; l'opposition, en 1831, altère et dénature toute chose.

L'opposition de 1831, c'est l'opposition faite homme avec toutes les passions, les vices et les débordemens qui sont inhérens à l'humanité.

L'opposition, avant 1830, parlait un langage de raison, l'opposition de 1831 ne parle que par injure et personnalités. Entre l'opposition de 1830 et celle de 1831, il y a la différence de la discussion à la dispute, de la conversation décente et élevée au langage des halles.

L'opposition, avant 1830, ne détruisait que ce

qui était déjà frappé de mort et qui tombait de vétusté, pleine de respect pour tout ce qui était honorable et digne d'estime, car elle avait foi à quelque chose et croyait à l'avenir.

L'opposition de 1831 détruit tout sans pitié et pour le seul plaisir de détruire, n'ayant foi à rien au monde, pas même à elle, et vivant au jour le jour.

L'opposition, avant 1830, faisait la guerre noblement, attaquant ses ennemis en face et avec les armes avouées des braves. L'opposition de 1831 en est réduite à faire une guerre de lâche, trouvant toutes les armes bonnes pour terrasser ses adversaires, ne dédaignant pas même l'assistance de ceux qu'elle méprise et qu'elle déteste, pour arriver plus sûrement à son but. De ces deux oppositions, laquelle est préférable?

De quel côté est la raison? de quel côté est la justice? La France décidera.

Nous avons envisagé l'opposition de 1831 dans ses dires et dans ses actes; nous avons voulu signaler aux bons citoyens ce qu'il y avait d'injuste et de vicieux dans sa conduite depuis 1830, désirant de toute notre âme que ses erreurs ne trouvent de crédit nulle part, et qu'elle soit au contraire flétrie dans l'opinion, afin que la liberté ne soit pas un jour compromise, la liberté que nous avons voulue avant 1830, que nous aimons aujourd'hui autant que qui que ce soit, trop heureux si on nous sait quelque gré d'avoir espéré être utile à notre pays !

FIN.

www.ingramcontent.com/pod-product-compliance
Ingram Content Group UK Ltd.
Pitfield, Milton Keynes, MK11 3LW, UK
UKHW020400230726
13925UKWH00003B/1199

9 782014 055641